折腾不止

详谈 ▶ 商业现场

中信出版集团｜北京　　　　李翔 著

图书在版编目（CIP）数据

折腾不止 / 李翔著 . -- 北京：中信出版社 , 2024.
8. -- ISBN 978-7-5217-6692-9
    I. K825.38
中国国家版本馆 CIP 数据核字第 2024UX9324 号

折腾不止
著　者：　李　翔
出版发行：中信出版集团股份有限公司
　　　　　（北京市朝阳区东三环北路 27 号嘉铭中心　邮编　100020）
承印者：　嘉业印刷（天津）有限公司

开本：880mm×1230mm 1/32　　印张：9　　字数：185 千字
版次：2024 年 8 月第 1 版　　　　印次：2024 年 8 月第 1 次印刷
书号：ISBN 978-7-5217-6692-9
定价：69.00 元

版权所有·侵权必究
如有印刷、装订问题，本公司负责调换。
服务热线：400-600-8099
投稿邮箱：author@citicpub.com

目录 CONTENTS

总序 v

继续详谈：具体的、现实的、正在发生的

开篇 001
贾国龙是谁

雄心：市值数千亿元人民币的公司	002
创业：从临河到北京	005
中餐标准化：先分离，再组合	007
挫败：中餐向快餐的艰难迭代	011
再试：快餐需要主打产品	014
再变：做能力擅长的事	017
多变：从菜品到经营	020

01 027
第一次访谈

仅导师有权力改标准	029
根据愿景找第二曲线	035
钱是打仗的弹药	040
麦当劳的本质是系统集成能力	046
突破产品圈从做新品牌开始	049
做零售需要多个能力积累	056
做小吃和做正餐的不同能力	064
好菜需要预制	067
系统能力决定餐饮天花板	070
消费要分级	072

	做会员要和产品配套	076
	海底捞的秘密是淘汰制	080
	做餐饮不能只做流行品牌	084
	短板不一定要改	089
	"餐饮是个大海，我们每个人各拿了只桶"	094

02 097

第二次访谈

	产品收窄是为了大量复制	099
	富矿投重兵	104
	探索新模式主要靠精力投入	110
	铺天盖地的梦	112
	对标不等于照搬	116
	根据反馈快速调整	118
	敢于从负60分起步	124
	第二曲线是世界级难题	126
	一切结果的源头都是管理能力	128
	要做一家伟大的公司	135
	遇到危机时要有良知良能	138
	中餐的现代化	144
	用游戏心态开公司	146

03 149

第三次访谈

	简单中餐反而对管理要求更高	151
	西贝互联网营销走的弯路	160
	餐饮行业基本不受周期影响	162
	趴在地板上干活	167

一个新的想法：小饭桌 169
投资专注于能力建设 172
西贝三条业务线 174
"一个公司只能有一个企业家吗" 181
同时创新，单条推进 184
出海要考虑富矿市场 187
绩效精神是管理核心 191
赛场制度 197
创始人要深度参与 201
招牌菜决定产品结构 206
研发新菜的权力收回总部 216
体育精神是做企业的能量 219
企业有学校功能 224
咨询是企业家的日常 226
热爱是成功的要素之一 231
一步一步开饭馆 234
厨师管理要严苛 236
2020年时认为要限制莜面村发展 241
权限跟大事小事无关，
跟事的重要程度有关 247
模式和组织 251
外卖是边排斥边做 259
一度也没有了斗志 262

04　未完待续 265

贾国龙在战略业务共识会上的发言 265

| 总序 |

继续详谈：具体的、现实的、正在发生的

这是《详谈》系列新一季的出版物。

新系列仍然坚守一开始做《详谈》的初心——内容的主体部分是长篇的访谈，全部来自一手采访，目的是记录活跃在我们时代的人物的思考和行动，以为其他人提供借鉴和激励，并且成为"历史的初稿"。

这一季也有一些不同，比如会根据情况增加一些其他视角的采访和口述，还有一些与受访者工作相关的图片。

"访谈"的价值

关于《详谈》，我经常会被问到一些问题，其中最多的问题是：为什么要选择访谈的形式？对于一个有追求的写作者而言，访谈的形式似乎太过简单，看上去它只是把被访者的回答记录下来，没什么技术含量。

但我个人却偏爱这种形式。首先,它呈现出的内容不会因为转述和改写而产生误解或者信息的损耗。我希望这种形式可以让人直接看到受访者的思考。它更有现场感,更鲜活,也更有力。我认为艾萨克森的《史蒂夫·乔布斯传》非常精彩,有大量的一手采访,但我也很希望知道乔布斯本人究竟说了什么,而不只是经过艾萨克森转述的乔布斯的话。

其次,访谈天生具有易读性。谈话总是亲切和便于理解,有时候一本正经写出的文字会不自觉地加上修饰。当然,访谈最大的难题正是:如何同时具有口语的亲切感和易读性,还能让它具备严谨性和系统性。

载体的意义

《详谈》的载体是书,因为我希望它有一定的深度和思辨性。麦克卢汉有句著名的论断:媒介即信息。媒介载体本身就传递出了某种信息。比如视频迫切地想让你投入其中,如果它没有在开始的几秒之内抓住你的注意力,它就会流失一个用户。视频必须是热烈的,且有冲突感和反差感的。

印刷文字更适合传递思辨性的信息,你可以随时停下,或者往回翻看,它没有那么强的时间线和紧迫感。它鼓励你思考、琢磨。作为读者你需要费点力气去主动参与,而不像观看视频和社交媒体信息那样,被动地沉浸其中。

受访者的选择

关于选择什么样的人来做《详谈》,大的原则是选择那些在实践和创造价值的人。价值创造是多方面的,比如商业效率的提升——让更多人付出更低的价格就可以获得更好的产品和服务,很多做产品和零售的企业家就在做这样的工作;比如创造出美好的体验,不少带有文化、旅行和创意性质的企业家和创作者都是如此;比如创造人类知识的增量,很多了不起的创作者、思想家和科学家都属于这个行列;比如改变了某个行业的游戏规则,甚至创造出了新的行业,今天最容易让人想到的例子是从燃油车到电动车行业的颠覆者。

并非每个人都愿意接受访谈,尤其在今天。我收到过各种各样拒绝的理由,但也感受到很多了不起的人的热情和慷慨。愿意拿出时间来接受访问的受访者,经常是出于信任、善意、愿意分享的慷慨,以及可能确实有话想要表达——比如认为自己被极大误解。

在变化中创造价值

从 2020 年年底第一册《详谈》出版到现在,已经发生了太多变化。全球化的逆转和地缘政治导致的经济冲突;中国经济结构的调整和增长速度的放缓在同时发生;2022 年年底 ChatGPT 的发布掀起了新一轮的人工智能技术浪潮,让人重新思考个人的技能在未来是否还有竞争力。

人们的情绪也在变化，一度深信不疑的事情现在都变得不那么确定。比如不少人曾经相信可以通过创业或努力工作来改变命运，如今则更愿意放慢节奏，花更多时间去思考和等待。

决定把《详谈》系列继续写下去的其中一个原因是我相信越是在面对变化的时候，人们越是有意愿去了解其他人的状态，他们如何思考现实，又如何调整自己去适应现实。至少我自己就是这样。

而且，无论环境怎样变化，都有人在创造出新的价值。比如全球化在减速，但越来越多的中国公司在走向全球；经济增速在下降，但一些平价消费品牌在快速增长；这一轮人工智能浪潮也让一些公司被注意到。

我确实认为现在更加需要这样的讨论：其中的问题和访问的人物，都是具体的、现实的、正在发生的，而不是来自遥远的过去的。它可能更能带来启发，因为大家生活在相同的环境中，面对的是相同的约束条件。

这一季《详谈》加了一个新的标签"商业现场"。它来自一线行动者的思考，可能没有经过学者抽象提炼之后的完整和干净，但一定带着现场才有的那种粗糙的力量感。我希望你能从中读到真实的商业世界中，人的思考、进退、行动和努力。

作为一个写作者，我觉得这是我应尽的责任，去把我所生活的时代发生的故事、我们时代的人物和他们的创造尽可能地记录下来。哪怕不是最好，它也可以成为最一手的素材。

蹩脚作家也得尽本分。我不想去重写或者改写什么,我想尽量留下第一手的内容。

我希望它能为知识积累做出贡献,能激励现实生活中的行动者和创造者,让人们能从这些交谈里获得启发,受到激励。

我也希望它能成为长期有价值的内容,经得起更长时间的检验。

| 开篇 | 贾国龙是谁

贾国龙是一位餐饮企业家，他创办了中国最知名的餐饮品牌之一西贝集团（本书简称"西贝"）。

到目前为止，西贝旗下的正餐品牌西贝莜面村，在全国有超过300家门店，每年的营业收入在60亿元左右。按照贾国龙公布的数据，西贝在2019年的营收超过62亿元，3年新冠疫情期间有所下滑，2023年重新恢复增长，营收才再次超过62亿元。

作为对比，目前国内规模最大的中餐连锁品牌海底捞，在2022年拥有1371家门店，营收达到347.41亿元；旗下包括太二酸菜鱼的中餐公司九毛九，2022年营收为40.06亿元；连锁火锅品牌呷哺呷哺，2022年的营收为47.25亿元。其中除了呷哺呷哺相比于2019年的60.3亿元有较大幅度的下滑外，海底捞和九毛九都有不同程度的增长。

雄心：市值数千亿元人民币的公司

不同于海底捞、九毛九或者呷哺呷哺这样已经上市的中餐公司，西贝仍然是一家非上市公司。在贾国龙的主导和推动下，公司在近几年做了内部的股权改革和员工激励，但是总部85%的股权仍然掌握在贾国龙和他的太太张丽平手中。①

贾国龙曾经表现出对公司上市的抵触。2018年西贝创业30周年时，他曾经在内部讲过两句非常决绝的话：西贝永远不上市，把利分给奋斗者。后来任西贝高级副总裁的贾林男曾经问贾国龙："为什么非要加上'永远'这两个字？"贾国龙回答说："就是要把话说绝，断了人们的念想。"在那之前，一位投资人朋友跟我说，除了贾国龙自己的一位朋友，贾国龙把此前投资了西贝的投资机构的股份全部清退，目的是让公司保持在私有状态。

这一点或许是受到了华为的影响。以营收计算，华为是中国目前规模最大的科技公司之一，也同样始终拒绝上市。贾国龙不止一次表达过对任正非的推崇，尽管西贝是一家典型的直接面向消费者的公司（To C），而华为在很长一段时间内都是服务企业用户的公司（To B）。这两类公司通常来说在思考问题时并不尽相同，因为前者需要跟海量的消费者产生关联，而后者往往只需要打动数量有限的客户。同时，由于这些年宏观环境的变化，对任正非推崇有加的中

---

① 西贝的总部与分部管理结构里，各地分部可以理解为分公司，在股权结构上，总部持有分部60%的股权，分部持有自己40%的股权。

国企业家,往往也是带有较为强烈的民族情感的企业家,当我委婉地向贾国龙指出这一点时,他有点儿惊讶:"问题是,还有不推崇任正非的做企业的人吗?"

不过,今天贾国龙已经一改之前西贝永不上市的口风,尽管在公司上市之后需要经受公开市场和投资人的审视。借用股神沃伦·巴菲特的比喻:"市场先生情绪多变且喜怒无常,有时候给出的价格可以说合理,有时候又会给出荒谬的报价。"但更重要的是,一来是贾国龙意识到,如果自己要"打大仗",他必须赢得资本的支持,因为钱就是"弹药";另一方面,新冠疫情发生之后,他真切地感受到了不可预知的风险冲击,他在接受媒体采访时直言,那时候西贝账上的现金只够给员工发3个月的工资。这两方面让贾国龙开始对资本有了新的认识。

现在,他对西贝未来的期待是成为一家市值千亿元人民币乃至数千亿元人民币的公众公司。在贾国龙办公室的墙壁上,写着西贝在2020年年初定下的十年规划:2026年IPO(首次公开募股),目标市值1000亿元,2030年目标市值4000亿元。不过后来他承认,3年新冠疫情会让当时制订的所有规划都延后完成。

要达成这一目标当然并不容易。以中国餐饮公司中规模最大、市值最高的海底捞为例,海底捞在2021年一度市值超过4600亿港元,如今却不足1000亿港元,这是典型的"市场先生反复无常"的例子。其中当然有外部环境变化带来的资本市场本身的调整,以及公开市场上投资人对餐饮公司估值逻辑的变化,但不可否认的

图 0-1　贾国龙的十年梦想

是，仅从营收规模上来看，海底捞目前的体量已经是西贝的 6 倍，西贝要想拿到这样的高估值，就必须在营收规模和增长速度上证明自己。

贾国龙把希望寄托在西贝的新业务模式上。在 2022 年 10 月我见到他时，他在办公室向我展示他的十年规划，要完成这个规划，意味着今天贡献着西贝绝大多数营收的西贝莜面村，只需要增长到 100 亿元即可，而新的零售和快餐业务则要从 0 增长到 1000 亿元。相比于正餐而言，零售和快餐的确能支撑起更大规模的公司。单就快餐而论，全世界最大的餐饮企业麦当劳，2022 年的营收规模超过 231 亿美元，市值超过了 2000 亿美元。这也意味着，只有零售和快餐才能让贾国龙接近或实现他为西贝制定的愿景：全球每一个城市、每一条街都开有西贝，一顿好饭，随时随地，因为西贝，人生喜悦！

不过，3年的新冠疫情危机，再加上西贝探索新业务的不顺，让公司实际发展的速度落后于他的预期。2019年西贝的营收规模达到62亿元之后，此后3年西贝都没有再达到这个规模，直到2023年才重新恢复了增长。

创业：从临河到北京

贾国龙1967年出生在内蒙古自治区，父亲是位医生。5岁时他跟着父母搬到内蒙古自治区巴彦淖尔盟临河县（2003年时，行政区划改革，变为巴彦淖尔市临河区）。此后西贝的产品中，一直不乏他在临河成长中吃到的小吃，比如莜面村最受欢迎的凉菜之一西贝面筋，再比如他一直认为可以成为极好的餐饮零售产品的焖面。

1986年，贾国龙在复读一年之后，考上了大连水产学院。学校建在海边，学生们戏称自己的宿舍为"海景房"，但是贾国龙并不快乐。他天性好强，证据之一是他在高中时迷上排球，连当时学校组织的最受欢迎的课外活动——看电影都不愿意去，宁肯自己在操场练球，就为了进校队打上主力。当然这种热情也影响了他的学习成绩。大学时期骤然的放松让他感到不适应，他自己曾经描述这段生活是"上课看武侠，下课踢足球，晚上看电影"。

1988年，大二下半学期，贾国龙决定退学，自己做生意，今天我们叫创业。尽管从班主任到系领导都纷纷找他谈话挽留，理由是"考上大学多不容易"，但他还是决绝地在5月底退学，然后8月份就在老家临河租了一个摊位卖啤酒和饸饹面。紧接着，10月份开了一家咖啡厅，随后改成小吃店，卖鸡肉炒疙瘩和羊肉泡馍。第二年贾国龙又开了家酒吧，除了卖酒，还卖凉菜和面片。然后，在西贝酒吧出了名之后，开始做海鲜和火锅生意。一言以蔽之，贾国龙很早进入餐饮业，并且在当地站稳了脚跟。

虽然在临河做出了名堂，但贾国龙走出内蒙古的第一步以惨败告终。1996年年底，他和妻子张丽平一起到深圳接手经营一家400平方米的海鲜酒楼，结果开业9个月亏损137万元。从深圳撤店的过程中，可能是因为压力，贾国龙染上感冒，咳嗽不止，两个月都好不了，而他的太太张丽平说自己"一个星期瘦了6斤"。

退回临河休整两年之后，1999年，贾国龙到北京市西翠路承包了2000平方米的金翠宫海鲜大酒楼，随后更名为金翠宫莜面美食村，从海鲜改为西北菜。

这一次他选对了。记录了西贝早年历史的《西贝的服务员为什么总爱笑》一书写道："2000年年底时，贾国龙在临河有4家餐厅，在北京有1家餐厅，这5家餐厅当年总利润为161万元，其中北京这家餐厅的利润是151万元。"

这让贾国龙信心倍增。它至少验证了贾国龙的两个判断：第一，他可以在人口更多、消费能力更强的一线城市立足。第二，在大城市里,一向被认为上不了台面的西北菜其实是受欢迎的。

随后,2001年2月,西贝莜面村在北京的第一家旗舰店六里桥店开业。这家店一直开了20多年,至今仍是西贝最受欢迎的门店之一。

中餐标准化:先分离,再组合

餐饮公司的规模扩大,有两条最简单直接的路径:一条是不断开拓新的品类,做新品牌。比如一家公司可以在一座城市或者一个商圈深度耕耘,用不同的品牌,开不同的餐厅,做不同的菜系。另一条路径是聚焦一个品牌和一个品类,然后通过连锁的方式来扩大规模。

贾国龙早年选的是第一条路径。他在临河做过火锅,做过海鲜,做过西北菜。后来到北京,也做过新的品牌,比如主打宴会的腾格里塔拉,其看点是有类似蒙古王爷嫁女儿时的歌舞表演。再比如现在在北京还开有一家店的高端品牌九十九顶毡房,主打是蒙古族的全羊宴。贾国龙也在求新,他自认在做出差异化的餐厅和餐饮产品上有自己的天分。

从2009年开始,贾国龙选择第二条路径:聚焦西贝莜面村,把西贝莜面村连锁化。不过,他没有选择更激进地聚焦,也就是关掉所有其他品牌门店,只留莜面村。这点可能跟近年来大众市场对贾国龙的认知不同,他其实相当谨慎,给自己留足了后手。贾国龙后来讲:"其他品牌的店我不关,我不再开新的了行不行,它好好的,我关它干吗?"腾格里塔拉是店面租期到了之后不再续约,这个品牌就成了历史。西贝海鲜是不再扩店,但是已有的门店如果在所在市场(比如呼和浩特)仍然很受欢迎,那就让它继续开着,只不过,在如今西贝的蓝图里,它贡献的份额已经"可以忽略不计"。九十九顶毡房在北京开了两家店,后来因为被投诉在公园里做餐饮,就关掉了一家。对于这点贾国龙很是无奈,说:"那公园是我们建的,在我们去之前,那个地方就是一片城市垃圾场。"

创始人时间和精力的聚焦,以及公司资金和资源投入的聚焦已经足够。聚焦的结果是,2009年西贝全年的营收总额是5亿元,到了2018年,西贝全年营收达到56亿元,进入中餐企业第一阵营。还是对比三家已经上市的餐饮企业:海底捞2018年的营收为169.69亿元;呷哺呷哺为47.34亿元;上市较晚的九毛九没有公布2018年的数据,但是公司2020年的营收为27.15亿元。

在2018年和2019年前后,尽管西贝的营收只有海底捞的三分之一,但是在市场声量上,西贝已然跟海底捞一同被视为中餐企业连锁化的代表公司。2018年9月海底捞在香港上市之后,股价表现不俗,西贝也因此一度被投资机构堵上门来。不过,也正是在那个时间点,贾国龙说出了那句在社交网络上被热捧的话:西贝永远不上市,把利分给奋斗者。

西贝从2009年到2019年这十年之间的极速扩张,至少有三个原因。

第一个原因是西贝莜面村门店不断更新迭代，直到更适合在城市里扩张开店。莜面村的第一代门店是街边独立大店。用贾国龙的话说，是在城市边缘卖边缘菜。当时的西贝门店并不开在城市核心商圈，做的也不是人们通常认为的核心菜系，比如粤菜、川菜、淮扬菜等。但是因为颇有特色和规模，也值得人们专程去吃。当时西贝门店往往都是数千平方米的面积，菜有200道，这其实是大型中餐刚开始时的普遍选择。海底捞最开始进入北京时，也是街边独立大店，当时海底捞创始人张勇称之为"酒楼模式"。第二代门店在2010年之后出现，西贝莜面村开始从街边店走入当时大行其道的城市综合体，因此不可避免地要缩小门店面积，第二代门店的面积在700至1000平方米之间，对应的菜品也缩减到了100道。

不过真正让莜面村大规模开店的是2014年4月开始的第三代门店。莜面村的第三代门店面积更小，在300至600平方米之间，菜品也更精简，在50道左右。这样的门店规模让莜面村可以在租金更高的城市核心商圈的核心商场里开店。

第二个原因是西贝对菜品的标准化研发，这也是贾国龙颇为得意的地方。我问过他，西贝对餐饮行业的贡献是什么，他回答，西贝在那么多地方开那么多店，但是每家店的出品都能保证质量稳定，这是行业里大家都佩服的。

如果没有办法标准化，那么自然没有办法规模化。工业化的秘密就藏在这里。工业化的集大成者是福特汽车的创始人亨利·福特（Henry Ford），福特汽车的工厂流水线又启发了麦当劳的创始人理查德·麦当劳和莫里斯·麦当劳。工业化的精神从制造业传递到了餐饮业，让第一次见识到麦当劳冰激凌机的推销员雷·克洛克（Ray Kroc）大开眼界，并让他下定决心，要不顾一切加入麦当劳的事业中。之后，正是在雷·克洛克手中，麦当劳成了全世界规模最大的餐饮企业。在麦当劳，从汉堡到薯条，都被分解为可以由员工来标准化执行的动作，从而保证了麦当劳的出餐速度和口味的稳定性。

但是始终强调手艺的中餐却迟迟难以标准化。无论是"火候"还是"锅气"，都很难量化，也不好复制。也正因如此，中餐品牌里规模较大的公司，往往都是做火锅的。因为在中餐里火锅最不强调厨师、最容易标准化。贾国龙引用海底捞创始人张勇的话说："海底捞就一道菜。"

贾国龙认为自己找到了中餐标准化的底层逻辑：分离和组合，而且是先分离再组合。比如一道蛋花汤，可以分离为鸡汤、鸡蛋、香油和蔬菜干料。分离之后，每一部分的食材都可以单独加工，确定好分量再组合到一起。当然，这只是对一道最简单的菜最为粗略的描述，即使是这样一道蛋花汤，在分离组合的过程中也可以不断优化，直到找到效率最高、出品最稳定的方式。在后文的访谈里，贾国龙对这个优化的过程，有更详细的描述。

在组织和流程上，菜品的标准化由西贝内部专门的标准化部门来完成。整个过程由五个环节构成，最初由研发菜品的导师确定标准，一直到把标准落实到门店，再到根据门店反馈来修改标准。

西贝极速扩张的前两个原因都属于企业和企业家的个体努力，

最后一个原因则是中国那段时期城市化水平的提升，以及城市中商业综合体的大规模建设浪潮。2009年，中国的城镇化率约为47%，到了2019年，城镇化率超过60%。同时，在城市中，城市商业综合体开始不断建成。以中国最大的城市商业综合体运营商万达为例，2009年，万达在整个中国一共建成和运营着27座万达广场，而仅仅在2019年一年，万达就在全国新建了43座万达广场，开业运营的万达广场数量达到323座。这还仅是万达一家。新开业的城市商业综合体，需要有优质的商家入驻，这就给了像西贝这样的餐饮企业机会，莜面村可以跟着在中国各个城市不断落成的城市商业综合体一起扩张。除了西贝，今天中国成规模的餐饮企业可以说都受益于此。

当然，更不用说，在这个过程里，中国经济也保持着高速增长。2009年，中国人均GDP是2.62万元，2019年，人均GDP达到7.01万元，以当时的汇率计算，首次突破1万美元。收入的提升，可以支持人们更频繁地下馆子。

挫败：中餐向快餐的艰难迭代

生活原本可以安逸，直到一个人有了更多的想法。

对贾国龙而言，这件事情发生在2015年。这一年，西贝开始跟咨询公司产通天下（现基纳斯管理咨询）合作，在美国领导力教练理查德·康德（Richard Condon）的帮助下，确定了西贝的企业愿景和发展蓝图。愿景的第一句话就是：全球每一个城市、每一条街都开有西贝。

这个愿景制定出来之后，贾国龙自己考量，认为当时西贝最强的品牌，也是支撑西贝成为中国餐饮企业第一阵营的西贝莜面村，难以承载起让全球每一个城市、每条街道都开有西贝的愿景。他的理由非常简单：莜面村是以牛肉和羊肉为主要食材的中式正餐，价格不低，这就限制了它的扩张能力。用时髦的互联网术语来讲，它"不够下沉"。如果想要遍布全球，当然应该学习已经遍布全球的麦当劳，那么这里就有一个顺理成章的答案：做快餐。

于是，从2015年开始，贾国龙就围绕快餐做了多次尝试。简单快进一下：

2015年的西贝莜面工坊卖莜面，然后把西贝莜面工坊改成西贝燕麦工坊，之后再改为西贝燕麦面，还在2016年专门开了发布会，宣布要开超过10万家店；

2017年的麦香村，产品从油泼面、汤面、拌面发展到羊肉面；

2018年，打造"西贝超级肉夹馍"；

2019年，尝试"西贝酸奶屋"；

2020年开创"弓长张"快餐品牌，主打33道经典中国菜，打造中式现炒快餐。

贾国龙说:"前后5年做了7个项目,到后来越做越不会做。"

做快餐的同时他还有另一条线,即2019年年底开始上手去做的"功夫菜"。我自己理解,"功夫菜"是从贾国龙对中餐标准化的努力中延伸出来的一条线。既然西贝的中央厨房可以把菜通过"分离—组合"的方式提前做好,供给西贝莜面村的门店,那么为什么不能更进一步把它产品化,做成可以直接卖给普通消费者的菜呢?当时"预制菜"这个概念还没有大行其道,当然更没有今天围绕着这个词语展开的争议和不解。在为这个产品起名的时候,贾国龙说:"这是下了功夫的菜,就叫'功夫菜'。"有一段时间,我去西贝莜面村吃饭,经常能看到餐厅上方悬挂着的电视屏幕,在循环播放贾国龙出镜的短片,内容是他到全国各地去寻菜,同时也会跟各地的人一起吃"功夫菜"。

"功夫菜"也跟快餐有关,它让西贝建立起大研发、大生产的能力。"功夫菜"的一头是零售,作为预制菜产品,它可以通过电商售卖,也可以进入山姆、盒马等线下渠道售卖,当然更可以通过西贝自己的线下门店渠道卖;另一头也可以是快餐,比如"弓长张"的33道经典中国菜,其实是从"功夫菜"的供应链里把菜拿来,再在门店制作之后卖。不过,在零售这一头西贝也说不上有大成功。2023年,西贝零售端的收入是3.4亿元,把这个业务交给高管负责之后,贾国龙寻思,可能自己的能力还是在开饭馆。

从1988年开始,他已经完成了多次迭代:走出内蒙古临河,进入更大的北京市场并且站稳脚跟;聚焦莜面村,并把莜面村的门店开到全国各地。但是这一次从复杂中餐向快餐连锁的迭代，却比他想象中更难。

再试：快餐需要主打产品

我在2022年的10月第一次访谈贾国龙。

在此之前其实我们曾经简短地见过一面。有一次跟新荣记创始人张勇在他的新品牌"荣季·95"吃饭，经理过来告诉张勇，贾国龙也过来吃饭。张勇很热情地拉着我介绍认识。

他们在餐饮上的追求不同。用那句今天已经被餐饮业很多人熟知的话讲，张勇追求的是"顶天立地"，他希望做出最好的餐厅、最好的出品，新荣记也的确是中国餐厅中摘得米其林星级评价最多的品牌。而贾国龙追求的是"铺天盖地"，他希望能够做出一家可以媲美麦当劳这样的全球餐饮巨头的公司。不过这倒并不妨碍他们之间彼此欣赏，贾国龙会邀请张勇一起去沙漠旅行，张勇会到西贝跟大厨们交流美食心得。

这一次，我的朋友贾林男重新介绍我们认识。林男先是写了一本关于西贝早年历史和企业文化的书《西贝的服务员为什么总爱笑》，随后加入了这家公司担任高级副总裁。贾国龙说，他是一个有着外部视角的内部人。

下午，我们在北京海淀西贝九十九顶毡房旁边的一处小院交谈。这个小巧的院落被贾国龙拿来作为西贝在北京的一处菜品研发中心,同时小院中也有他会客的茶室,以及他自己的办公室。办公室的四面墙上写满了西贝蓝图、他们设定好的公司营收目标,以及他和西贝高管们的十年梦想,读起来每句话都是雄心壮志。

尽管当时新冠疫情尚未散去,包括西贝在内的餐饮公司正饱受困扰,但是贾国龙兴致高昂,得意地向我介绍他正在推进的新的快餐项目:美食市集和中华小吃街。他把西贝北京总部办公室首钢体育大厦的一层,在周末时改成美食市集试营业。结合西贝在做功夫菜时发展出来的产品研发能力,他认为可以通过这样一个新的餐饮形态,把中国各地的名小吃全部集合在一起,让人们边逛边吃。中华小吃街则是一个更精简的版本,菜单更短,但更适合大规模开店。他愿意把自己的名字放到这个产品前面,然后让它开遍世界各地。毕竟,谁不喜欢各种美味又不贵的小吃?

等到傍晚时分,我跟着他去西贝在首钢体育大厦的办公室,参观他们的美食市集,并挑选小吃作为晚餐——烧卖、羊杂汤和包子。晚餐之后,再旁听贾国龙和他的同事开会。他们要一项一项地讨论试营业期间的各种方案,从促销方案、产品的包装再到促销期间的定价。然后,我们在深夜长谈之后告别。

下一次再见面时已经是新冠疫情结束之后,再过两天就是除夕,我们约在中关村e世界财富中心楼下"贾国龙酒酿空气馍"的第一家门店见面。这个门店的总面积接近300平方米,在过去经常被用来做快餐项目的试验门店。现在,这里不仅是他新项目的旗舰店,而且在门店后面又装修了一个办公室,可以作为快餐项目的市场人员和设计人员的工位和开会的地方。他说:"这里就是整个项目的指挥中心。"因为马上就要到春节,贾国龙邀请参与了这个项目但仍然留在北京的同事来参加新项目指挥中心成立的剪彩仪式。

他热情地拉着我参观门店,并邀请我试吃他的新作"酒酿空气馍"。从我们上次见面之后的三个月间,他对快餐项目已经有了新的想法。中华小吃街需要一个主打产品,这个主打产品就是"酒酿空气馍"。这是一种来自浙江的馒头,相比于北方的馒头,口感更加松软,虽说是主食,却更容易消化,这被贾国龙认为是最大的优点。

西贝曾经把肉夹馍作为快餐的试验项目,他们称之为"超级肉夹馍",超级肉夹馍的缺点之一就是吃完之后让人感觉太撑。如今他从各地的小吃中找到了"酒酿空气馍",灵感来源于他有一次去新荣记吃饭,看到新荣记用这种南方馒头夹红烧肉吃。酒酿空气馍口感更好、更容易消化,并且可以像麦当劳的面包一样用来夹各种菜和肉,从小炒黄牛肉到臭豆腐都可以夹。他很得意,认为这是完美的麦当劳的对标,是有中国特点的小吃,又可以像麦当劳的汉堡那样便捷。唯一让他犹豫的是这个名字:酒酿是不是会让人误以为含有酒精,要不要去掉这两个字?

在晚上的剪彩活动上,贾国龙特意拿出了自己在苏格兰买的威士忌,酿造年份是1988年,刚好是西贝成立那年。这是个不错的寓意。他希望快餐项目能够让西贝获得第二次生命,并且有达到甚至远超莜面村的成就。在之前整个公司的年会上,他已经宣布了空气馍项目在 2023 年的目标：日开一店，用一年时间在北京这座城市开出 365 家店。

春节将至的放松心情和认为终于找到了可行方向的喜悦，让在场的所有人都很高兴。贾国龙把他从各个地方收到的礼物都抱了过来，让每个在场的同事参与抽奖，把这些礼品分发下去，包括一位在澳大利亚买了酒庄的中国企业家送给他的红酒，宁夏首富送给他的枸杞，同样起步于内蒙古临河的"三胖蛋"创始人徐建兴送给他的瓜子，安踏董事长丁世忠送给他的运动鞋……一直持续到晚上的十一点半，这些礼物才全部找到主人。

我内心愉悦，认为自己足够好运，赶上了一家公司在寻找创新业务和第二增长曲线的关键点。我们约定，下一次访谈的时间，应该是一个足以验证这个创新业务是否成立的时间节点。

再变：做能力擅长的事

2023 年 8 月，我们又见了两次。第一次是贾国龙为他的功夫菜项目想出了一个新的渠道，他称为"小饭桌"。

我在首钢体育大厦听他就这个项目开了一次会。会议之前，贾国龙让同事们都带一本曾鸣教授的《智能商业》。他认为自己的小饭桌项目正是曾鸣所讲的"S2B2C 模式"的写照。在这个模式中，S 指的是供应链，B 指的是商家，C 则是消费者。这个模式最简单的解释就是，供应链赋能商家，然后由商家来服务消费者。

贾国龙的小饭桌是一套可以植入办公室内的餐饮零售方案，包括一个储藏着各种冷冻食品的冰柜，可以用来加热的智能微波炉，以及一个扫码取餐的取餐柜。其中微波炉智能的地方在于，针对每一种食物都有不同的加热方案和加热时长，这样可以确保菜品的还原度和口感。在这个项目中，S就是西贝功夫菜发展起来的产品能力和生产能力，C是普通的办公室白领，B则是运营着小饭桌的办公室阿姨或者工作人员，他们负责收集大家的用餐需求，并且提供包括加热在内的服务。

贾国龙同样兴致勃勃地描述着这个项目，认为自己终于找到了功夫菜在零售端的破局之道。因为这个项目对普通用户而言，能解决办公室用餐的痛点；对作为餐饮公司的西贝而言，没有开店的房租费用，也不需要给外卖平台付佣金，在成本上有结构性优势；对办公室的员工而言，还可以多一份收入。至于如何进入办公空间，他不认为有太大的困难，毕竟，哪个老板不想让自己员工吃得好一些？

我们约好再次见面详谈。一周之后，在内蒙古自治区鄂尔多斯库布齐沙漠中的西贝沙漠基地，他把莜面村、快餐和零售三个主要业务的骨干，以及西贝的所有高管全部召集到这里开会。作为内蒙古人，他对沙漠有着天生的热爱，对朋友的最高礼遇就是邀请对方一起到沙漠玩。我们提前三天出发，因此在会议之前，我们有充足的时间可以讨论。他的太太，也是西贝餐饮集团董事、首席贝爱公益官张丽平，总是陪着我访谈的西贝高级副总裁贾林男，也都会参与。

此时，酒酿空气馍已经更名为贾国龙中国堡，并且在北京开了50家左右的门店，但是贾国龙决定就停在这个数字上，而不是像年初预想的那样开到365家。市场给出的反馈并没有使他足够满意，让他认为可以继续推动这个项目扩张。他还要继续推敲，但是他认为，不妨连续3年投资一个亿进去，看看能否推开市场的大门。

连续三天，我们吃了西贝投资的高端羊肉火锅，在沙漠中散步、露营、吃面和烤串，听他开动员会，更重要的是，进行密集的交谈。他会谈起自己做新业务屡试屡败的无奈，回忆自己一路走来的艰辛，也会得意地讲他是如何得到一道菜的灵感，以及曾经滋养过他精神世界的人和事。

分别之后，时间再往后推移两个多月，2023年11月初，北京磁器口的一家贾国龙中国堡被改成了一家新店：贾国龙小锅牛肉。主营的菜品是小锅牛肉、牛杂和一些家常炒菜，包括土豆丝、炝炒牛心菜和炒胡萝卜丝，客单价在60元左右，是当下西贝莜面村客单价的一半。

贾国龙绕了一圈，又绕回到了做米饭和炒菜的小饭馆。贾林男说："西贝内部对这个决定是欢迎的，因为回到了西贝的能力圈。"

门店变化的背后是贾国龙对他手上拿着的牌的又一次调整。贾国龙认为，小饭桌不能算当下的核心业务，是因为资源有限，不是项目不好。快餐贾国龙中国堡也不能再算当下的核心业务，它应该让团队当创业项目去做。接下来，真正应该做的事情是继续开饭馆，包括出海美国开西贝莜面村，也包括在中国开客单价更低的餐厅，比如已经开始尝试的贾国龙小锅牛肉。

贾国龙自己说:"我们西贝出身就是开饭馆,现在是开饭馆的,将来也是开饭馆的,只有这件事我们擅长,而且是开'绝对好、相对贵'的饭馆。能力有限、资源有限,就是做正餐,我们也做不了新荣记,快餐做了8年,那么多钱,承认做不了,举手投降。我觉得这是实事求是,沉没成本不是成本。"

多变:从菜品到经营

我们曾经几次谈起海底捞的创始人张勇。用贾国龙的话说,张勇"不动",在贾国龙看来,今天的海底捞仍然没有超出张勇1994年创业时对这家公司的设想;张勇"专注",海底捞做的事情始终围绕火锅,无论是做火锅供应链的蜀海、分拆出来的海外业务特海国际,还是海底捞的零售产品自嗨锅。

至于他自己,他说是"乱动"。

贾国龙多变。从西贝莜面村的菜品开始,一直到餐饮的品类和模式,他都好动多变。在沙漠访谈里,他自嘲,莜面村有些非常受欢迎的菜,是被他给改没的,比如莜面村的一道经典菜"功夫鱼"。他对快餐的尝试,往往是心思一动,就想到一个模式或者一个产品可以一试。比如他曾经想卖羊肉面,受到的触动是开车走高速去杭州,途经乌镇,在高速公路旁的休息站吃了一碗羊肉面,大为赞叹。贾国龙中国堡所用的酒酿空气馍,最初的灵感来自他在新荣记吃过

图 0-2　贾国龙小锅牛肉门店外景

的一道菜。小饭桌项目的交付模式,是他体检完之后去麦当劳吃早餐,看到麦当劳用自动取货柜交付食品大受启发。

同时,相比于张勇的专注,贾国龙也显得兴趣广泛,好奇心旺盛。海底捞的探索基本围绕着火锅,西贝在零售和快餐上的探索是要做各种各样的菜,从南至北。西贝做功夫菜,曾经试图把各地的名菜都收罗进来,后来做美食市集和中华小吃街,也是同样的想法。在首钢体育大厦西贝的办公室,曾把他们收集来的各地名吃做成名牌悬挂在大厅,比如竹荪椰子鸡、扬州清炖狮子头、广式牛腩牛杂煲、新疆椒麻鸡、沧州狮子头、老西安甑糕、折耳根炒腊肉……

他的"乱动"和好奇心也表现在他的好学上。他的太太张丽平说:"西贝在咨询界比在餐饮界有名多了,单单西贝付过千万元以上费用的培训和咨询机构就有4家。"

贾国龙认为,请咨询公司是企业家的生活方式。他并不在意培训机构的老师会四处宣扬贾国龙是自己的学生。他认为有帮助的咨询和培训机构,他也愿意保持长期合作。2023年年末,咨询公司华与华专门到北京办了场活动,庆祝西贝和华与华合作十周年。在那之前,我跟着贾国龙去西贝莜面村六里桥店试菜,他给我介绍双子餐饮定位的创始人樊大卫,然后说:"我们已经合作了20多年。"

贾国龙感慨,西贝能够从内蒙古临河这样一个小地方走出来,一路成为今天的西贝,就是因为他和这个团队一路不停地学习。当然,也正是因为不断摄入新的知识和信息,他才会这样多动多变。

这种多变当然也不只是在业务上。比如前面提到过的对待资本的态度上。贾国龙当初如此决绝地说出"西贝永远不上市，把利分给奋斗者"，说这句话的时候他是真心实意的，还把自己作为公司最大的食利者看待，因为他和妻子是公司最大的股东。2017年和2018年，贾国龙和张丽平分别拿出了7000万元和8000万元分红来给员工发奖金。

再比如对待员工的态度上，一直以来他扮演的角色都是大哥，是大家长，操心的是怎么能够让员工在城市里买房立足。他甚至还想过是不是要在内蒙古盖一个别墅群，给团队里的核心骨干每人分上一套房子。后来他叹口气，说自己想明白了，如果公司上市，股权激励又给到位，只要能把公司的市值做上去，大家拿了钱，爱做什么做什么，根本就不需要他这样细致入微地考虑和安排。

再比如西贝内部的管理制度上，他一度非常得意西贝的赛场制度。这个制度是他从体育赛事中借鉴而来，有运动员、有裁判、有积分、有晋级和淘汰。2015年第四季度开始做模拟赛，2016年第一季度正式比赛，目的是要用这套体系来不断倒逼门店服务能力和菜品水准的提升。但是，当他发现这套制度反而让门店只是想着办法去应付比赛，甚至不惜作弊时，就果断停掉。

世界知名经济学家张五常教授曾经写文章回忆诺贝尔经济学奖得主米尔顿·弗里德曼（Milton Friedman），说弗里德曼认错速度快如闪电，以至于很多人根本还没发现他犯的错误，就已经看到他在主张新的相反的论点。贾国龙也自豪于自己的这种说变就变：

"三天前还是战略级的,三天后就停了,大家要接受这个变化。"

最后,简单介绍一下我在构思这册《折腾不止》时的逻辑线。

第一条线,是新冠疫情3年间贾国龙和西贝的变化。我们的访谈开始于2022年新冠疫情时期,也曾因为防控政策取消过访谈的安排。这场大流行对所有餐饮企业都是考验,西贝当然也不例外。一个公司在这么长的特殊时期里做了什么,这段特殊时期对一个人的思考的改变会是什么,当然能激发出人的好奇心。

第二条线是贾国龙对新业务的尝试。这是一个公司试图去寻找到新的增长点、长出新的能力的过程,我们访谈的过程刚好见证了西贝一个重要业务方向的相对完整的变化,我尝试通过访问来还原他的思考和迭代过程。

第三条线是贾国龙这个人。他是生于20世纪60年代的中国企业家,从一个小城市白手起家,创造了一个有一定知名度的品牌。无论是滋养他个人精神世界的文化内容,还是他对做事方法与做事过程的思考,我都觉得很有价值。

如果你对下面这些命题感兴趣:比如一个低门槛的生意如何从零到一成长起来,比如一个遇到增长瓶颈的公司如何求新求变,比如一家具有典型意义的中国餐饮公司如何发展,甚至是一个大时代里一个具有雄心的中国人如何挣扎与奋斗……我认为你都会从中获益。

希望你能享受我们的谈话和思考。

图 0-3　李翔正在访谈贾国龙

第 一 次 访 谈

访谈时间

2022 年 10 月 20 日

这次访谈分成两部分。上半部分访谈在西贝的研发小院完成；下半部分在西贝首钢体育大厦的办公室，贾国龙在跟团队开完会之后，我们又聊到深夜。

仅导师有权力改标准

李翔：你现在的主要精力是放在探索新业务上吗？

贾国龙：对，莜面村有首席执行官带着一个团队在管。我也会关注，比如最近六里桥旗舰店的恢复我关注得多一些，但总体上的时间投入在减少。

李翔：大概的时间比例是？

贾国龙：莜面村业务只是偶尔重点关注一下。新业务的投入会占用90%的时间，在老业务上，特别有感觉的话会进去冲一下。在老业务上投入的时间虽然少，但是作用很大。在新业务上，每天

图 1-1　西贝莜面村门店外景

就这么耗着。

  李翔：但是必须得耗着。

  贾国龙：对。

  李翔：对于莜面村，你现在是通过什么方式看线下门店，巡店吗？

  贾国龙：对，必须得到店里去。不管是以工作身份去检查，和一些人进行沟通调研，还是以顾客的身份去吃饭，利用吃饭的机会来了解这家店。

  李翔：我挺好奇的，你去西贝吃饭会重点看哪些点？跟我们外行有什么不一样？

  贾国龙：只要有机会，我就要到厨房转一圈。西贝是开放式厨房，从外面就能看到，我坐在外面的时候也会观察厨房的动态。坐下来之后，只要有人点菜，我自己就不点。前两天请新荣记创始人张勇吃饭，在六里桥旗舰店，我让张勇点菜，他点什么我吃什么。因为我太了解菜品了，反而不太会点了。

  李翔："不太会点"是说你总会点新研发出来的菜？

  贾国龙：一个是点新菜，再一个是我想验证一下这道菜做得怎么样，而不是作为顾客按自己的喜好去点。比如我点这道菜的原因可能是想检查一下这道菜现在做得稳定不稳定、好不好。这样的话,我凑齐的那桌菜就没有代表性,经常就偏了,平衡度不够。我也不会让人安排,如果让厨师长、店长安排,他们肯定会安排一堆大菜。张勇真会点菜,那天他随意点了一桌菜,搭配得特别好。

李翔: 你去西贝吃饭,人家都认识你吗?
贾国龙: 都认识。

李翔: 都认识你的话,还能起到巡店的作用吗?
贾国龙: 我觉得差不多,我们标准化程度高,厨师想创作一下也很难,只要按照标准做就没毛病。一道菜,你想做好就能做好,这是你的能力和本事。其实很多人是想做好但做不好,甚至还可能用力过猛,越想做好,反而越做不好。

李翔: 所以你亲自去点菜,实际上跟我去点的差别也不大,是吗?
贾国龙: 我觉得差别不大。我们的店是自己吃出来的。20年前西贝刚开业的时候,那么火,但我每次去吃饭都生气,点完菜都要把厨师长叫来矫正半天,这里不对、那里不对。现在到全国任何一家店,上完菜以后,基本在我的预期内,点这道菜之前想着是这个味儿,出来基本就是这个味儿,可能有一些偏差,但不大。

上次去包头店里点了一个酸汤挂面,其他都对,就是没放荷包蛋。只要不放荷包蛋,这道菜在口味上就减一半分,魅力就差一些。我自己喜欢把荷包蛋夹碎吃,因为我们的蛋是带一点点溏心的,夹碎之后,蛋黄和汤混着,就觉得特别好。缺了荷包蛋,立马觉得缺什么东西。我马上问为什么,是标准里把荷包蛋减了,还是只是今天减了?然后查,发现是他们的标准里面就减了,认为包头人不爱吃荷包蛋。我说:"胡说,那是标配,而且只有定标准的人才有权力改标准。你可以申请,但是你自己没权力改。"

李翔:谁有权力对这些菜做一些改动,店长有吗?

贾国龙:店长也没有。我们专门有一个标准化部,从定标开始,有定标、贯标、落标、查标、修标五个环节。西贝是导师制。这道菜定标准的是导师,导师手下有一支队伍往下贯标。落到门店叫落标,也就是执行标准。执行完标准还有一个裁判要查标,就是到全国各处门店查是不是按照标准做的。最后的修标是指,门店里面任何人都有权力提出修标的建议,比如顾客不喜欢荷包蛋,或者顾客觉得荷包蛋要老一点儿,溏心蛋太嫩了。顾客的建议可以反馈,一直反馈到定标的人,但是他没有权力改。

定标的人会和市场部的人沟通,比如这个标真的应该改,荷包蛋太嫩了,内蒙古人不习惯,只要带溏心就认为是生的,一定要煮熟。但是像上海这样的城市,会觉得带点溏心是高级的做法,不喜欢蛋煮老了。那标准就会不一样,这个菜可能在上海有上海的标准,但到了包头就可以把荷包蛋煮老一点儿,但老到什么程度也会有一个标准。

李翔：你在包头店发现了门店自己改标准的行为，会有什么解决措施吗？

贾国龙：肯定得罚，改标准是大错，得有人承担责任。

李翔：他们知道是大错吗？

贾国龙：不一定，因为店长换来换去。上一任店长知道标准，等提拔上来一个新店长，在熟悉标准的过程中，就慢慢把标准弱化了，或者忘了。虽然我们的系统设计特别合理，但是真正要跑通的话也有许多问题。尤其是边远城市，比如包头只有两家店，裁判部去的频率就低。北京、上海的门店密度大，就会两周或一个月巡检一次，但包头那些地方，说不定就改成一季度一巡检了。

李翔：你多久去线下的西贝莜面村吃一次饭？

贾国龙：我出差到任何一个城市，晚上一定要找个时间去吃。请别人吃也行，或者自己去店里特意吃一顿饭也行。尽可能去西贝店里吃个饭，最好还能和西贝当地的干部见个面、聊聊天。

李翔：在北京经常吃吗？

贾国龙：在北京吃的机会更多。我家门口还开了一家莜面村，就是香山店，会经常叫那家店的外卖。

根据愿景找第二曲线

李翔：你们内部有没有评估过，如果没有新冠疫情，线下西贝莜面村受到的冲击，也会发生吗？正常的曲线应该是怎么样的？

贾国龙：那我们这几年的生意一定会很好。2018年的时候我们在经营策略上还存在一些问题，但是从2019年年初开始重视线下体验，回到了基本的管理面上。在2019年年底，我们定的目标是2020年要好好做生意、挣钱，结果新冠疫情来了，一来就是3年。

李翔：所以是出乎意料的。

贾国龙：完全在计划之外。

李翔：我站在外部视角看，2019年大家对西贝莜面村的产品已经有一些议论，比如价格偏高，还有对菜品的一些质疑。

贾国龙：2019年我们已经开始调整，这些问题都是2018年埋下的。

李翔：如果你不那么执着于找第二曲线，而是把90%的精力还放在莜面村这个业务上，可以开多少家店，你有想过吗？

贾国龙：我觉得要是做好了，就在这一个品牌上持续打造，1000家是可以的。我们现在有300多家。

李翔：你为什么没有在做到1000家，或者至少做到800家以后，总之到了一定规模后，再投入精力找第二曲线呢？

贾国龙： 你要说到底为什么，要倒回到 2015 年。2015 年我们准备做快餐。我们跟领导力教练理查德的合作也是在 2015 年，当时明确了西贝愿景，即"全球每一个城市、每一条街，都开有西贝，一顿好饭，随时随地，因为西贝，人生喜悦"。愿景出来以后，我自己的理解和判断是莜面村这种特色太强的品牌属于正餐，不会开那么多家店。第一个原因是它不会变成基础供应。它不是五谷杂粮，而是以牛肉和羊肉为主要原料，所以本身原料就贵一些，羊肉又是小众食材。第二个原因是我们做西北菜，口味比较单一，因此总觉得不是开遍全球的模型。后来就觉得像麦当劳这种快餐是规模化的模型，于是开始布局快餐。但是前后做了 7 个项目，总共花了 5 年时间，也没有找到感觉，到后面越做越不会做了。

李翔： 这 7 个项目都是把你自己的时间和精力放进去的吗？

贾国龙： 对，都是我自己领着团队做。

李翔： 也是连战连败？

贾国龙： 屡战屡败，屡败屡战。新冠疫情期间，我们搞出了一个功夫菜，觉得可以做零售，送到消费者家，消费者只需要把这地道的美食加热就行。做了 3 年，现在又觉得自己不会做零售，还是会开饭馆，开饭馆才是自己的经验，有很多年的积累，所以随后又开饭馆。但是这 3 年确实被逼出来一些能力，就是大研发的能力、生产转化的能力，还有整个供应链系统的能力，现在才有一点儿看懂麦当劳厉害在哪儿。我们接下来要做中国小吃，年底会开两家店。

李翔：在北京吗？

贾国龙：在北京，世纪金源购物中心一家、中关村科技园一家，一共两家贾国龙中华小吃街，我们总部大厦要改造成贾国龙美食市集，这三家店要完成打样。

李翔：你为什么认为你们不适合做零售？

贾国龙：也不是不适合做零售，是这个能力还没有构建出来。零售水更深，还需要慢慢学。我本人对零售的好多理解是不到位的。我们姜总[①]做过零售，他原来在伊利，也研究零售，主动申请要管零售，我说行。他现在状态很好，比我强，先让他管管看。

李翔：你指的"零售的能力"，就是一个产品抵达渠道的能力吗？

贾国龙：我觉得零售力主要就是渠道力，包括进哪个渠道、怎么定价、怎么和渠道沟通、怎么做推广。餐厅本来也是渠道，不管是莜面村，还是我们将来开的小吃街、美食市集都是渠道，但它更多是在线下，在这个渠道交付，是我自己定价，卖给消费者的是"产品＋服务＋包装"的体验。这个渠道我自己觉得能理解，但是

---

① 西贝高级副总裁姜鹰。

一旦变成从线上购买，通过第三方物流到家，我就要学习了。还有就是通过第三方渠道，比如沃尔玛今年（2022年）要搞一个很大的年货节，召集各个餐饮品牌做采购。

李翔：小吃街可以支撑你们在2015年定下的愿景吗？

贾国龙：我觉得是可以的。我们是中华小吃街，要把中国各地的小吃收集到一起，由我们选适合的产品。可能不同的市场选品不一样，比如哈尔滨的市场和广东的市场选品不一样，但是我们的供给能力是一样的，菜库里各个地方的菜都有，可以根据不同的市场，做不同的选择。最终挑战的是我们的供给能力，也就是能不能多品种、相对低成本地稳定供应产品。

李翔：为什么你认为重要的是供给能力，而不是需求？

贾国龙：需求真实存在，人们总要吃饭，这是大众需求。问题是我这个供给能抢谁的生意。假设这条街上有麦当劳、肯德基，也有我们的中华小吃，还有其他一些餐饮供给，人们更喜欢吃哪一家？我们的是不是被顾客优选？首选要求太高了，但是三选一有没有你？能不能成为这个商圈里面人们最喜欢的一个供给方？如果能，那我们的生意、盈利肯定不会差。如果标准化能力也足够，就可以到处开店。

李翔：你们找第二曲线，它的起点是愿景，还是用户需求？

贾国龙：我觉得是愿景。在用户需求方面，我们是算大账，餐饮业4万亿元的规模，10年翻一番。人们现在有对各种美食的需求，吃饭喜新不厌旧，甚至一天多顿饭，包括早、中、晚，还有下午茶和夜宵，随时随地饿了就想吃。

现在中国居民人均收入还是有点儿低，人均收入增加的这个趋势是肯定的，我觉得10年以后至少在现有的基础上翻一番。收入增加，消费能力就会增加。市场就是人口、购买力，再加上购买意愿。消费人群足够，购买力在增长，购买意愿没问题，未来"吃喝玩乐"一定是主流消费项目。现在最大的消费是房子，往后房子的消费占比会变小，之后就是吃喝玩乐，再接下来是教育、医疗、旅游。吃在消费支出中占很大的一块。

李翔：当时你们的愿景是怎么定的？

贾国龙：就是想做全球生意，就是想做大。我们这个行业有标杆，像麦当劳这样的全球企业。

李翔：想做大是一个朴素的想法。确定愿景的时候，你们内部有讨论和分歧吗？

贾国龙：我们当时是50多个高管一起讨论的，我觉得基本是共识吧。虽然是我主张的，但大家也都挺激动。做生意就是一个选择，有人选择做小、做好，赚钱就行。但我当时就选择了做大，现在仍然是坚持做大，一点儿都不后悔这个选择。如果让我退回去重选，我还是选这个愿景。因为我觉得这个才有难度、有挑战，自己会为这个事兴奋。

李翔：如果莜面村的门店数量翻3倍，到1000家左右，也能支撑西贝的收入到一个很高的水平吧？

贾国龙：300多家50亿元，1000家150亿元，如果做那个选择也会过得很好，可能比现在还好，但是对我来说，我觉得不刺激。

李翔：当时没有人反对吗？

贾国龙：可能有人心里不认同，但是没有明确表示过反对。因为这个事是以老板的想法为主，我是创始人，又是大股东，还是首席执行官，在公司里有绝对话语权。

钱是打仗的弹药

李翔：2015年的时候你们把投资人清出去了？

贾国龙：对。我们回购了外部投资人的股份。像刘勇燕是跟投一小点儿，她是股东，又是我们后来的首席财务官，关系比较近，她不会反对。

李翔：我听说当时考虑把外部投资人全清出去，主要是因为你认为他们做决策完全从资本角度出发,比如会对高管股权激励进行限制等。是因为这个吗?

贾国龙:聊不到一起,入股之前和入股之后判若两人。入股之前说什么都行,只要让他投进来就行,投进来之后就不一样了。

李翔:把他们全部清出去之后,你不担心在内部就听不到比较强硬的反对声音了吗?而这种声音可能会带给你新的思考。

贾国龙:这要看这个强硬的反对声音是不是有建设性。如果没有建设性,只是反对,就没有意义,变成互相扯皮了。如果反对声音有建设性,我还是能听出来的。

李翔:当时你们的股东就是这样的吗——只是反对,但没有建设性?

贾国龙:他们和我的想法完全不一样,而且投资前后判若两人,所以吸纳投资真的得慎重。

李翔:能举个例子吗?怎么个判若两人法?

贾国龙:比如激励。投资前特别认同我们对干部的激励,投资后他出的方案是怎么把干部的股份以最低的成本收回来。他找了一个咨询公司,给出的方案是收购价定为2倍市盈率。假设今年挣1亿元,要给你分红4000万元,那就用8000万元把你的股份买了,相当于一次性给你两年的分红。这样算下来真的太低了,低得不能再低,他还好意思提出来,而且还是通过咨询公司给出的方法。

李翔:之后你没有再接触过其他投资人?

贾国龙:接触过,而且大量接触,我们这边又准备融资。

李翔:我看到报道里面说,你对资本的认识也是有些变化的,这种变化主要是什么呢?有足够厚的钱就有了足够多的缓冲地带吗?

贾国龙:打大仗需要钱,钱是能量。原来我们是小钱小投,大钱大投。但是像做功夫菜,或者后来的预制菜零售,真的需要大钱,生产端需要投入,渠道端也需要投入。现在做中华小吃街也是一样,如果真的想做到麦当劳那样,那就得往里面砸钱。研发端砸钱,供应链端砸钱,渠道开店砸钱,总部建设砸钱。

李翔:但是2015年的时候没有意识到这一点?

贾国龙:当时没有。做正餐,砸钱也没有用,那就不是一个可以大量复制的业务。西贝慢慢开到1000家店可以,但快速开到1000家店肯定不行。但如果是一个快餐模型,快速开到1000家店、2000家店、3000家店都没有问题,因为它是基础供应。

李翔:你有比较理想的投资人画像吗?

贾国龙:就是给钱,而且相信我。你相信我,给钱,我干活。

我甚至可以跟你签对赌协议，做不到就给你回调估值。投资人肯定会起一些作用，但不会太大，在决策方面，能起多大作用？

李翔：我觉得你对投资人有偏见。

贾国龙：也不是有偏见。接触多了之后就发现：第一，他投资的项目多，顾不上我这个项目，不能给我这个项目太多精力；第二，隔行如隔山。

李翔：我看你也见过高瓴资本的创始人张磊，他们也会表现出这样强烈的想要影响你的欲望吗？

贾国龙：这些人的理念都非常好，见面的时候感觉我们绝对合适。但是他派手下干活的人和我接触，那就是两回事了。见老板没问题，老板理念先进，境界和格局也大，说："就投你这样的人。"但是和下面的团队一接触，感觉就完全不一样。

李翔：你跟老板说也没用？

贾国龙：没用。在估值的时候，他们给出的价钱能抠死你。

李翔：融资这两年你付出了实际行动吗？

贾国龙：投资人见了不少，但也只是见。我们现在不着急融资，等我们真的把业务跑出来一点儿成果，那大家都看得到。

李翔：新业务？

贾国龙：也包括老业务的提升。新冠疫情过后，我们的老业务肯定不会差。这两年我们也在做基础管理的提升、基本功的积累、队伍基本能力的训练，市场一开放，我们的业务会立马不一样。不少餐饮企业在这个时候是荒废的，有的关店，有的把成本降到最低，就只是活着，但是这样一来，能力也没了，一旦市场开放，能力顶不上去。

李翔：你有跟投资人表达吗？给你钱，不要管你，你愿意签对赌协议。

贾国龙：我会明确表达，但是说这个话我要恰如其分。业务不牛的时候，我说这个话，人家老觉得我吹牛，就算求人家，人家都不给我钱。但是等我的业务模式跑出来，只要有10家店证明没问题，那我的组织力你是相信的，业务模型你是相信的。赛车手没问题、赛车没问题、赛道也没问题，你还不给我投钱吗？而且我也敢跟你对赌，你投30亿元，我们可以承诺做到什么。比如现在按300亿元估值来算，你占10个百分点，如果我做不到，可以再给你让10个百分点，你变成20%的股权，估值回调，重新估。我做到，你兑现就行了，这对团队也是一个激励。对赌有对赌的方式。对赌是中国人给起的名称，其实原词意思就是估值调整（Valuation Adjustment Mechanism，国内习惯称为"对赌协议"）。当时按300亿元卖的，3年之后没做到，给你回调到200亿元、150亿元，它仍然是值钱的，只不过是没做到300亿元那个水准。

另一个方法是回购，做不到我可以回购。一个组织努力做3年，基础能力在，只要方向对，一定是能提升的。当然如果瞎弄，业务不对，方向不对，最后肯定就更不值钱了。我们开饭馆三四十年，一直都在踏踏实实地做事，不会胡来，所以不会有太大风险。

李翔：像华为那样做一家纯粹的私有公司，这条路径是很难复制的吗？

贾国龙：反正中国没有第二家。华为一开始就是基本属于全员持股，任正非自己的股份很少，他又是绝对的领袖，能控住场，相当不容易。我自己琢磨，如果我也学任正非把股份都分下去，我能控制得住吗？我觉得控制不住。

李翔：当时华为全员持股的其中一个目的也是解决融资问题，只不过是在内部。

贾国龙：是，全员持股，再往下分股容易。咱们人民公社化的时候也很容易啊，所有东西都是公社的，生产大队集体干活，但是要做到干活有积极性，队伍不散，太难了，光分下去是不够的。我现在把股份全送给西贝的员工，竞争力立马就出来了？不会，出不来，可能还更差。股份只是其中一个因素，还有其他因素，比如绩效考核怎么定，企业最高领导人的战略设计能力和指挥能力怎么样，这些决定了大家要往哪儿去，在哪儿使力。这些事情比把权和利分下去更重要。一家人开店，股份都是自己家的，但是不会运营，把饭馆开倒闭的例子有很多。

麦当劳的本质是系统集成能力

李翔：疫情这3年除了对钱的认知变化，还有其他认知上的冲击吗？

贾国龙：每天都是新事，每天遇到每天的难事，每天有每天的难题。我们已经开了三四十年饭馆，对一些事情的认识仍然感觉没到位。要看懂这个行业挺难的，但任何人也都能说一点儿想法。开饭馆嘛，天天当顾客，说三道四都能说一点儿，但是真的要触达本质，变成一个高段位的选手，太难了。就像下围棋，入门很容易，三个小时就能学会，但是要升到九段，很可能一辈子也达不到。餐饮行业也一样，入行容易，但是很难达到高段位。

李翔：你干三十多年了还这样觉得？

贾国龙：全球就一个麦当劳。为什么中式快餐刚刚出现千家规模的品牌，还不怎么挣钱？因为模式不厉害。中式快餐都是省吃俭用省出来的利，不像麦当劳。麦当劳一家店300平方米，投资350万元以上，一年的正常营收是1200万元，门店的利润有15%以上。

李翔：所以你们现在的对标就是麦当劳？

贾国龙：我们对标麦当劳，或者我们叫麦当劳"假想敌"。能看懂它相当不容易。中国快餐就是食堂，除了吃饭，没有其他需求。麦当劳不是，麦当劳饮品销售额占总销售额的大约30%。你进麦当劳刷手机也刷得很嗨，因为麦当劳吃的东西，可以单手拿、单手吃，边吃边刷手机没问题，直接带走也没问题。中餐就比较难，你来一碗兰州拉面，能边吃拉面边刷手机吗？能，但是不对。去一个中式快餐店不吃饭，就看会儿手机，做个作业，你觉得不对。去办会儿公，也不对。但是在麦当劳，做作业的、刷手机的、办公的，甚至发呆的都有。

李翔：它也是一个空间。

贾国龙：它有休闲属性。

李翔：你们从什么时候开始研究麦当劳的？

贾国龙：一直在研究，只是有的时候半懂不懂，最近又觉得比过去稍微懂了一点儿。大家一会儿看得起麦当劳，一会儿看不起麦当劳，对麦当劳说三道四，但是这么多年过去了，麦当劳穿越了多次经济危机的周期，而且麦当劳在全球开到哪儿都能适应。

李翔：你们研究麦当劳的方式是什么？

贾国龙：看麦当劳的书，吃麦当劳的饭，也找麦当劳的干部探讨和请教。

李翔：你刚才提到"有时候觉得没看懂"，你对它的认识有什么转变吗？

贾国龙：不断地转变，过一段时间就有一些新的认知。

李翔：你现在认为麦当劳的本质是什么？

贾国龙：其实就是包括供应链在内的系统能力。它肯定是个餐厅，但是它的系统能力和效率是所有餐饮企业里面最高的。

李翔：我们从外面看，很多人会对麦当劳有不同的理解。有人认为它是把标准化和流水线做到极致的一个餐厅，还有人认为它本质上是通过房地产模式来完善的商业模式……有各种各样的理解。

贾国龙：在标准化这方面，麦当劳毫无疑问是做得相当好的。麦当劳只有在美国是采用房地产模式，离开美国就和其他餐厅一样，也是租房子开店。现在房地产模式在美国也弱化了，没那么强。它就是一种系统集成的能力，一切服务于效率。麦当劳累积出来的简单实用的东西太多了，它的产品线也非常简洁有序。和肯德基不同，百胜[①]有无数的品牌，麦当劳没有其他品牌，就是专注在麦当劳这个业务上持续优化。

李翔：你们公司有从麦当劳过来的人吗？

---

① 肯德基的母公司，除了肯德基，旗下还有必胜客、塔可钟等品牌。

贾国龙：有。我们最早的一个首席运营官就曾是麦当劳上海区的负责人，在西贝干了整五年，然后离开。麦当劳的人干活没问题，就是稳扎稳打地干活。中国将来出现类似麦当劳的企业，我坚信一定不是抄麦当劳的模式，抄麦当劳的模式肯定没有太大前途。

突破产品圈从做新品牌开始

李翔：如果不像蜜雪冰城那样采用加盟模式，可能很难支撑你"每条街道都开一个西贝餐厅"的愿景。

贾国龙：可以，因为我是带零售的，零售腿长。开店是象征性的，尤其现在有网店，一个仓或者一个提货点也是我的店。小吃一旦破了局，我的零售产品也会跟进。比如我们准备卖焖面，你下单，我送到家里，千城万仓，这也是我的店，每个城市就近给客人配送。街面上的店是一种店，网店有仓送到家也是我的店。

全时段地服务全球顾客，随时随地弄好饭，这是我的理想和我的愿景。只是我要做成基础供应，而不只是莜面村那些产品。莜面村的产品可以开小西贝，也可以做西贝莜面村，但是西北菜和牛羊肉的属性束缚了我。现在做功夫菜，做中华小吃街，彻底把这个圈放大，覆盖的范围就更大。

李翔：这个圈是指品类还是什么？

贾国龙：其实就是产品圈。西贝莜面村就是把西北菜、牛羊肉的标签贴得太重。莜面村的西北菜我做了 20 多年，人们的印象和顾客的认知把我束缚了。

李翔：从这个角度看，它会不会也是你最大的资产？大家一提到西贝，就是西北菜，吃西北菜就要去西贝。

贾国龙：它是能让你赢利的资产，符号性很强，让人记忆深刻。在这个品类里面赢利没问题，但是要实现西贝的愿景——一顿好饭随时随地，就受限制了。

李翔：这让我想起沃伦·巴菲特和查理·芒格很有名的"能力圈"概念，西贝也有它的能力圈，我理解现在有点儿想要突破这个能力圈，是吗？

贾国龙：嗯。

李翔：那它是一个挺难的事情。

贾国龙：不是一般的难，而是非常难。

李翔：需要具备什么条件，才能够突破"西贝等于西北菜，是把西北菜和牛羊肉做得非常好的"这个认知？这里面可能既有产品的能力圈，也有我作为用户对你品牌的认知圈。

贾国龙：我们现在启用的新品牌，不是西贝，是"贾国龙中华小吃街"。西贝创始人贾国龙又做了一个新品牌。

西北菜也是被我们突破的。我们是从内蒙古临河——河套地区很小的一个地方走出来的企业。开始做的就是我们家乡菜，最多被认为是内蒙古菜。1999年在北京开了店，直到2001年，生意特别好，2002年2月在六里桥开的西贝莜面村首店，正式打出西北民间菜的菜系标签。相当于从河套菜扩展到内蒙古菜，再由内蒙古菜扩展到西北菜。我说西贝代表西北菜，西安人不服气，新疆人、甘肃人也不服气，你内蒙古局部的一个菜怎么能代表西北呢！但是我们做了十多年西贝莜面村的西北民间菜，后来大家就认了，西贝就是西北菜，可能和西贝这个谐音也有一点儿关系。

我现在从零做起，我要做"贾国龙中华小吃街"。"贾国龙"不是我，"贾国龙"就是一个牌子。你有没有发现，"贾国龙"这个名字也很中国。如果贾国龙中华小吃街能开在美国、开在欧洲，也许最后传播中国文化的就是李小龙、成龙、贾国龙。

李翔： 都是龙字辈的。（笑）

贾国龙： 中华小吃街是以天南地北的小吃为主。我就做中国各地的小吃，我认为中国的民间美食沉淀在各地的小吃里。各地小吃是被每个地方的消费者反复选出来的。小吃不用贵的原料，都是普通得不能再普通的，但是工艺比较费劲，从选原料到处理原料，再到加工原料都很花心思，最后形成了西贝的地方名小吃。这正好是我们功夫菜的基因，我们现在有300人的研发团队来做这个事情。小吃适合冷冻，而且全国各地的小吃偏主食类的特别多，正好和我们的能力是一致的。我找到最有烟火气的美食，在这个类别里面把它做成一个品牌，做出一种系统能力来，把店开遍全球。自己越想越通。

李翔：我看贾林男之前写的东西，包括看你们的报道，你说自己越想越通，已经好多次了。（笑）

贾国龙：对，每次都是越想越通。（笑）我自己能想通，我进的时候是想通的，退的时候也是想通的，这是真的。我一点儿都不会说我也不知道行不行，试试看。我觉得行，就肯定行，只有全力以赴进去了，我才有真实的体验。我不做不知道哪儿有问题，开店以后才有新的矛盾出来。到底消费者真实的反应是什么、需求是什么，不做就猜不到，我也不想通过分析去预测。分析，每个人的分析不一样；预测，各自的预测也不一样；洞察，你看到的和我看到的不一样。所以就是要先试。

李翔：就是先把自己搁进去。

贾国龙：对，先试。现在倒回去看，我们最初的那些品牌没做成、没做大的原因，还是那时候不具备现在的能力。现在能力长了。我们做功夫菜，300多个研发人员，真金白银往里面投，在全国建了10个研发中心，广州、深圳、上海、成都各有一个，北京有6个研发中心，都有大厨队伍在里面。

现在的能力和几年前不一样了，能力会限制你的想象——当然想象也会限制你的能力，但主要还是能力限制想象。由于你没有那个能力，所以你想都不敢那么想。和五年前做快餐的时候比，现在再回去做快餐，想法都会变。原来不认为供应链能力多么重要，现在因为做功夫菜，做工厂，开始构想大业务，考察别人家是怎么做的，慢慢才知道供应链是真正的核心能力。

举个现在的想法跟过去不一样的例子。现在看焖面和五年前看焖面有什么不同？原来看焖面就是能外卖，试试做外卖吧；现在看焖面是焖面系列产品能上10亿元销售额。我们呼和浩特有一个10万平方米的主食工厂就主做焖面，孟德飞[①]团队专门在做焖面的产品体验和品鉴。

这个启发来自空刻意面，这是杭州的一个速食意面品牌，做零售产品，有9种口味。一般面得煮15分钟才能吃，我们的焖面做成标准化产品，煮也好、蒸也好，肯定不用超过15分钟就能吃上，口味的丰富度可能还要更好。而且焖面是我们的强项，我们从小就吃焖面，后来发现北京人也吃焖面，山西人也吃，河南人也吃，但是比起来，我们河套地区的焖面，有面有菜有肉，变着法子地焖，已经到收放自如的地步了。（笑）

李翔：焖面是一个单独的项目？

贾国龙：它也属于小吃，但在零售端它是有前途的。这是现在的想法和过去不一样的例子，过去说到焖面不错，就开个焖面

---

① 西贝负责研发的高级副总裁。

店——我儿子还开过焖面店；或者在店里面加一道菜叫焖面。现在的想法是，看到焖面有这么大的市场机会，就敢给它布局一个工厂，然后盯着结果，按 10 亿元甚至 100 亿元的销售额去规划。

李翔：新的业务中有多少个类似焖面这样在零售端重要的、未来希望它卖 10 亿元的产品？

贾国龙：主食类的产品挺多的。我们做功夫菜做了 3 年，发现机会最大的是主食类的产品，适合冷冻再复热。水饺就属于主食类，各种面条，比如汤面、焖面、炒面、拌面也都适合零售端。

李翔：主食类产品是一个方向，中华小吃街是另一个方向。

贾国龙：对，零售和市集。美食市集属于中华小吃街的旗舰版，就像星巴克的工厂店一样。中华小吃街是我们要大量开的店，同时附带零售，但零售更偏向主食类产品。现在人们买的预制菜、冷冻菜也是偏主食类产品，比如手抓饼，因为它冷冻、复热后的还原度非常高。

李翔：研发中心都是在新冠疫情期间做起来的吗？

贾国龙：都是。

李翔：所以你刚才一直强调的研发能力，主要是新冠疫情期间生长出来的吗？

贾国龙：能力生长不在这3年，这3年是能力放大。之前西贝的研发能力也强，我们有一个高级副总裁专门领着七大导师负责研发，七大导师每个人有2~3个助理，研发人员一共30多人，新冠疫情期间扩大到300多人，研发队伍扩大了10倍。

李翔：疫情期间扩大了10倍，是因为你想做贾国龙功夫菜？

贾国龙：对，就是因为我想做全国各地的菜。原来只是西贝莜面村的产品，30多人就够了，但现在不行。这300多人里面还有一部分科技人员，加了一批食品工程师，因为要做工厂转化。

李翔：所以新冠疫情期间，虽然营收下降了，但成本是在增长的。

贾国龙：对，不断地投入。营收下降了，成本在增长，每年光研发就多出1个多亿的成本。

李翔：公司营收从60亿元往下掉，掉到50多亿元的时候，你心里慌吗？

贾国龙：慌啥？我也左右不了。虽然我们在2022年亏损，但是现金流是正的。现金流如果是负的，就得开始慌了，因为开始失血了。没失血慌什么！只不过是原来挣钱，现在变成不挣钱了。第一年，也就是2020年时还有利润，2021年有微利，有2000万元的利润，2022年亏损，但现金流是正的，我们自己融了资，银行又给注了资。毕竟西贝是有 30 多年老底子的企业，基础还在那儿。

做零售需要多个能力积累

李翔：中华小吃街，以及以焖面为代表的主食类零售产品，跟贾国龙功夫菜的关系是什么？

贾国龙：它们的基础能力，或者说冰山下的能力是一样的，都是研发的能力和生产转化的能力。

李翔：贾国龙功夫菜这个品牌，零售端就拿去用了，是吗？

贾国龙：对。我会亲自管贾国龙中华小吃街和贾国龙美食市集。我自认为我开饭馆还是可以的，在快餐方面积累的经验教训也足够，只要真的找准感觉，我开饭馆肯定是高段位的，打样也是高段位的打样。中华小吃街、美食市集打样出来，要复制绝对没问题。它和之前做快餐不一样，做快餐的时候我管，但是我不上手，是杨旭亮[①]、孟德飞等一群人上手，我是遥控指挥。

李翔：指挥出了问题？

贾国龙：也不是，不上手是因为就算我跳进去，我也找不到感觉。但现在我能找到感觉了，而且我的感觉一下就回到 20 年前创

---

① 西贝高管，深度参与了功夫菜和肉夹馍项目。

业的时候，莜面村的每一个模式，从西翠路店到六里桥店都是我亲自打磨的，天天优化、改菜、改档口、改服务，跟设计师沟通。我现在忽然又回到了那个状态。

李翔：为什么之前没有唤醒这个状态？

贾国龙：快餐店没有唤醒，几次进去又出来，感觉就不对。算了，让他们干，我一直没进赛场。但是最近开始往赛场上走，美食市集完全是我的原创。原来的堂食模式，是又开了一个小饭馆，没有革命性，这次的中华小吃街应该是有革命性的东西，全部使用一次性餐具，全部鼓励带走，但也可以堂食。

李翔：做快餐店的时候有没有说过革命性？（笑）

贾国龙：在做酸奶屋的时候说过，此外没说过。酸奶屋有休闲属性，我当时觉得这个方向对。我很早就认识到，中式快餐为什么输给西式快餐，就是因为没有休闲属性。以酸奶屋为入口做快餐，我觉得有休闲属性。结果休闲属性是有了，但是餐饮的基本供应功能没了，餐少了，只有饮，人们不认为这是个餐厅，分类时就被划到饮品里面。抛到市场里，在大众点评上酸奶屋是那个商圈的饮品类第一。

李翔：贾国龙功夫菜现在是交给另外一个人做了，但之前也是你自己带的？

贾国龙：自己带的。

李翔：之前我在门店会看到播放功夫菜的视频。

贾国龙：这是我的问题，我做事情的成本明显高于别人，尤其是在初创的时候。这已经不好改了，只能靠真正的大销售带。要是销售破了局，成本占比也不会很大，破不了局就是一堆费用。只要销售有破局，能过 10 个亿，成本立马就摊平了。

李翔：之前找第二曲线的时候，尝试做过的那些业务和那些品牌，比如酸奶屋、肉夹馍，它们是关掉不干了，还是交出去给别人了？

贾国龙：一个不留，全部关了，就连在上海赚钱的两家超级肉夹馍门店也关了。

李翔：为什么会做这样的决定？它可能赚钱，而且交给一个同事就可以跑通。

贾国龙：不留尾巴，留个尾巴没有意义，赚钱赚不了多少，还得为它操心，何必呢！时间投入也是成本啊，还是得把心思聚焦在核心业务上。

李翔：人家把这个业务带到了一定程度，你说这个事情咱们不要干了，关掉，不留尾巴，他的反应会是什么呢？

贾国龙：好像没什么反应，他们也觉得应该关掉。其实我在内部挺有和人取得共识的能力的。我也许不对,但大家好像也觉得我说的是对的、合理的。

李翔:你的信用度高,大家会相信你。

贾国龙:可能是,但有时候也会强制让大家执行。

李翔:在找第二曲线的过程中,探索过那么多的业务,怎么判断应该把它关掉,还是让它再挺一挺,可能会有新的机会出现?

贾国龙:很难描述,这是一个涉及逻辑和综合计算的复杂过程,最终的结果可能是它就应该关。如果做新业务的魅力大过它,为什么不把精力投在新业务上呢?

李翔:"贾国龙功夫菜"是不是你第一次把你的名字放上去?

贾国龙:第一次。

李翔:是有人建议你这么做的吗?

贾国龙:君智战略咨询董事长谢伟山一直服务西贝,我给他打电话说:"我要做功夫菜,现在西贝功夫菜有羊蝎子,卖得还算可以……"他说:"贾总,你要做新品牌最好不要用西贝,重新起一个名字。"我就让法务把所有已经注册的商标列了一个表发给谢伟山。"贾国龙"也是其中一个商标,我觉得用"贾国龙"做名字不错,发给他时我还说,我优先选这个。谢伟山把那些商标都看过之后,也觉得就用"贾国龙"。

这个名字应该是2003年前后注册的。西贝1999年来的北京,六里桥店开了之后，我们把当时在内蒙古老家的公司迁到北京，要到国家商标局办理注册。当时有中介机构帮忙办，给它交点儿服务费就行。办的时候，中介机构的经理在六里桥店跟我说："贾总，你把你的名字也注册了，否则被别人注册了你会很尴尬，万一人家开一个'贾国龙莜面村'呢？"我说："有道理，注册了吧。"不只注册餐饮，各个类别都给注册了，当时注册一个类别收2000元服务费，注册之后就一直在库里面放着。

开始时人们对功夫菜也有反对的声音，说大家对这个概念不熟悉，不如叫冷冻菜或者方便菜，当时还没有预制菜的概念。我觉得方便菜太不值钱了，我也不想叫冷冻菜，就叫功夫菜，是下了功夫的菜。名字就是这么来的，一直用到现在。

现在我越来越觉得"贾国龙"是一个好商标。它是个人名，真实，而且从外国到中国都有用人名做商标的案例和习惯，创始人也在任，整个品牌能量是足的。更重要的是，我得做好，做不好别人就会骂"贾国龙"，骂"贾国龙"就是骂我。消费者骂我，我会很认真。

李翔：一开始你寄予了"贾国龙功夫菜"特别大的期望，但可能这3年里面，即使预制菜特别火，也没有你预想的那么成功，没有打爆。

贾国龙：对。

李翔：没打爆，是因为你对零售的理解不到位吗，还是有其他的原因?

贾国龙:就一个原因吧,可能我们的能力还没积累到那个程度。我们研发产品的能力是够了,但是我们的渠道能力和推广能力不够,实际困难比我们想象的大。但它仍然是有成果的,大家也能看到。

李翔:它至少帮你积累了很多能力,可能没有它,也就没有后面的小吃街、美食市集了?

贾国龙:对。

李翔:如果以你今天对零售的认知和能力,回到2020年再做功夫菜,有可能做好吗?

贾国龙:也不行。

李翔:为什么呢?

贾国龙:现在我积累了3年的能力也还不够,再接着做3年,我相信一定会很好。事情从量变到质变有一个过程,而且也跟新冠疫情后大众的消费能力有关。做中华小吃街是意外收获,小吃和快餐有共同的东西,但也有不同,小吃比快餐更有魅力,也更有要价能力。快餐变成了一顿饭,米饭、炒菜是最普通的产品,还有面条、肉夹馍,但基本都是这种类型的东西,特别单一。

我们请过一个顾问叫孟庆祥,孟老师对西贝有三大贡献。

第一是对我们儿童餐的贡献。他在深圳电梯里面看到我们的广告"家有宝贝就吃西贝",就跑到店里点儿童餐吃。吃完之后给我打电话说:"贾总,这个广告很好,但是你的产品不支持你的广告。"

收到这个反馈之后,我们成立了一个儿童餐的品类事业部,配了一个研发团队,开始时我还为研发力量不够生气,后来又补了一个大厨,用了半年多的时间,把儿童餐的体验做得越来越好,从产品到包装都很好。这是孟老师的第一个贡献,他告诉我们产品一定要配得上广告。

第二个贡献是他给我讲和华为常务董事余承东一起做手机的故事。华为做手机,开始时也是给电信、移动做代工,后来要做品牌的时候,他在华为是蓝军,故意站到反对面,说反话、挑刺。他问余承东:"余总,你觉得华为做手机,研发可以投进去吗?"余承东说:"当然可以投进去啊,手机的技术含量高,更新也快,研发肯定能投进去。"孟庆祥说:"只要研发能投进去,这事华为就能干,

儿童餐精英团队召集令

1位儿童餐CMO	3位儿童餐研发组组长	N道精品儿童餐
方案竞赛	方案竞赛	产品竞赛
升职+薪酬翻倍	升职加薪	每个产品奖励5万~10万元

儿童餐CMO岗位职责:
- 洞察市场,选品,定价,包装,卖点提炼,产品故事创作,市场推广
- 收集用户反馈,不断升级迭代,打造极致产品
- 对产品上市有决策权,对生意增长负责

儿童餐研发组组长岗位职责:
- 专职研发儿童餐,确定口味、出品形式、营养搭配、超厨工艺转化
- 链接外部儿童营养学专家、烹饪大师
- 根据CMO战略及市场反馈,对上市产品进行升级迭代
- 定期举办品鉴会,收集内外部优秀产品
- 定期到全国巡店,组织儿童餐贯标、落标

产品竞赛形式:
- 现场产品品鉴
- 2分钟产品介绍:产品名称、配料表、成本、工艺、售卖渠道、规格、对标竞品等。

注意:1月13日前提交产品介绍,进行初筛。

2022年1月18日现场首轮竞赛　　可个人可组团　　不限岗位

图1-2　西贝儿童餐核心团队竞聘规则

因为华为的研发能力强。"

这个故事给我的启发特别大。我们成立了这么大的研发队伍，中途做过小饭馆、66 道经典中国菜，如果就锁定那几个菜，研发基本投不进去，因为标准化了之后，研发人员就上不了手，研发工作也没有多大意义。后来开始做大外卖，做外卖专门店，跑了一个月之后，研发人员也上不了手，因为产品越来越标准化，人们爱吃的就那些菜，效率高就行了，研发也没用。但是在功夫菜上，研发是能投进去的，零售相对丰富，还有美食市集、中华小吃街，研发人员每天很忙，不停地开发新产品，还要优化。因为市集和小吃街需要不断有新产品跟进，老产品也要稳定提升，所以研发可以投进去。大的研发力量可以投到产品里面变成价值，交付给顾客，从这个逻辑上讲，我们做中华小吃街、美食市集和零售是对的。

第三个贡献是定价权。孟庆祥问余承东："华为手机会有定价权吗？"余承东说："定价权这个事，你做好了就有，做不好就没有。"研发投进去，好的设计投进去，推广费投进去，做好了就有定价权。我们开小吃街也好，美食市集也好，做好了就有定价权，做不好就没有。小吃街和美食市集跟快餐不同，快餐是研发和技术投不了多少，也不需要投，更多的是靠运营的能力和标准化的能力。

最近我们还找到一个做小吃街的破局点，就是包装。我们用一次性包装，不用餐具。中餐大多数品牌使用的都是市场上的通用包装。但是你会发现，麦当劳的一次性包装非常好，不同的产品用不同的包装,汉堡用什么包,薯条用什么包,派用什么包,饮品用什么包,都分得非常清楚。还有一个包装上的细节,麦当劳的 A、B、C、D 套餐用的是一个包装。用一个包装,后面出餐的人怎么给你装?写吗?不是,有 A、B、C、D 4 个不同的按钮,按钮按下去,出餐的人就知道该装 A 套餐还是装 B 套餐。这些细节全是为了提高效率。中餐中没有人这么想。

李翔:这是不是跟麦当劳的品类少有关系?

贾国龙:品类少是一方面,但麦当劳也确实为每一个产品精心设计了包装。还有理念,麦当劳不用塑料袋,都是纸袋,也尽量不用提的,一折叠就拿走。塑料袋和纸袋有什么区别?用户的心理感知不一样,觉得纸袋更环保。

做小吃和做正餐的不同能力

李翔:这种快餐和小吃的区别,是餐饮业在传统上就有区别,还是在你这儿有的区别?

贾国龙:是在我这儿有的区别。小吃本身要价能力稍微高一些,而且小吃是全时段可以带走的。此外,小吃的休闲属性要大过盖浇饭、面条等快餐。

李翔:你设计的小吃街肯定也能让大家堂食。

贾国龙：我们有座位，可以选择堂食，但我们鼓励带走，因为都是一次性的包装，外带没问题，而且拿着就可以吃。

李翔：开小吃街这样的店跟莜面村这样的正餐店，设计上的区别应该挺大的吧？

贾国龙：挺大。小吃的供应时段更长，早中晚，甚至还有夜市。它是以供给为主，而不是以服务为主。莜面村的服务人员比厨房人员都多，服务人员要在莜面村点餐、上餐、撤餐，还有餐中服务，所以客单价更高一些。小吃街以供给为主，服务就是打扫卫生和收餐。

李翔：之前做功夫菜，后来做小吃街，你认为需要的是类似麦当劳那样的系统能力。但这个系统能力会不会跟莜面村做正餐的能力是不一样的，甚至是有点儿冲击做正餐的能力的？

贾国龙：比莜面村的系统能力要求更高，就是标准化、简单化、专业化。我觉得跟星巴克、麦当劳的运营逻辑和背后的能力是一样的，中餐目前没有一家快餐品牌构建起这个能力。你知道麦当劳交付多快吗？从点完餐，到交到顾客手上，只要59秒，在1分钟以内拿走。麦当劳打造了强大的柔性生产和敏捷的供给能力，中餐做不到。现在中华小吃街先挑战3分钟交付，我们一步一步来。

李翔：这是不是跟中餐本身的制作流程和特性也有关系？

贾国龙：美国快餐在 70 年前没有流水线的时候也得让顾客等，甚至比现在中餐交付的时间更久。发明流水线之后，效率一点一点提升，所有的东西都要有预制，要有提前量。

李翔：小吃街的系统能力，莜面村可以用吗？还是莜面村需要的其实是自己的能力？

贾国龙：可以通用。借着优化和集成小吃街的档口，顺便连莜面村的档口也进行优化。这是我们新发现的一个餐饮运营的系统能力。原来做正餐，反正客单价高，加价率高，客人坐下来吃饭，我有服务，就可以和顾客多要两个钱，所以在效率优化方面，一直没那么急迫。但是研究快餐后才发现，快餐赚的完全是效率的钱。

李翔：正餐对效率有这么大的需求吗？

贾国龙：做企业永远是高效率打败低效率。所有的东西都需要提高效率，效率不高就有浪费，连新荣记也需要效率。只不过当赚钱能力强的时候，就无所谓了，效率低点儿就低点儿吧。

李翔：我理解像新荣记这样的餐厅，之所以可以牺牲一部分效率，是因为它需要让整个服务体验更好。

贾国龙：效率不是快，效率是投入产出比。新荣记的效率一点儿都不低。张勇说不用大厨做饭，用阿姨做饭，那不就是效率吗？别人一个菜卖 10 元，新荣记能卖 30 元，那就是靠体验的要价能力。它是慢，但是它不浪费。我觉得不浪费就是效率高。最怕的是该省的没省，或者功能过剩。只要能要上价，就不算过剩。

李翔：你的效率里面也包括体验的部分吗？

贾国龙：我说的是一个大效率的概念，不只是快。为了快，投入太大的话，还是效率不高。火箭上天速度是快，但是燃料成本太高。埃隆·马斯克为什么厉害？就是他发射一颗卫星只要50万美元就可以，其他人得100万美元，那他就比别人效率高。

李翔：所以为了快牺牲体验，可能也不是高效的表现。

贾国龙：对，为了快，最后牺牲体验，要不上价，也不是效率。

李翔：会不会做正餐和做小吃的能力就是不一样，很难同时具备？

贾国龙：有一样的，有不一样的，多品牌下面的运营团队一定要分开。比如做车，奔驰在做迈巴赫，也在做C级车。丰田更是，越野车在做，卡罗拉在做，夏利也曾是丰田的品牌。我自己觉得可以做，只是到了市场端要分清楚运营策略，技术端也要知道哪些是通用的，哪些是专用的。

好菜需要预制

李翔：当预制菜这个概念变得很火的时候，你是什么感觉？我印象中你们已经做了很长时间了。

贾国龙：预制菜变得很火的时候，我心里面就有一种预感，觉得完了，这摊水成浑水了，太乱了。我们现在后退一步，又开回饭馆，一下变得特别轻松，也更自信了。

李翔：在你的概念里，该怎么理解预制菜？

贾国龙：在大趋势上势不可当，但是一定有一个破坏式增长的阶段，尤其是在产能方面。现在全国各地的工厂布局得很多，都在投产能。只要有这么多人在做，最后洗牌肯定会洗出优秀学生来。因为中餐的工业化绝对不会改变，可以提高效率、更节约、更标准化，让人吃得更好、更健康。

只要是好菜，肯定是预制出来的，越好的菜预制得越多。因为一个好菜需要长时间来下功夫做，短时间内能做出来吗？所有的好原料、需要下点儿功夫制作的，都是预制的。燕鲍翅肯定是预制的，连海参也是预制的，只有新鲜蔬菜是现做现炒的。一个狮子头至少要提前 8 小时制作。堂食的红烧肉，至少得提前 4 小时下锅，就是焖红薯也得提前几个小时焖。不预制怎么能做到吃的时候就上菜？一部分在门店预制，还有一部分在工厂预制。过去北方人过年吃的菜都是预制好的，冻在凉房里，一热就吃。人们对预制菜的误解太多，预制菜也分三六九等。好菜全得预制，越好的菜越得预制，因为需要很长时间，得慢慢做。

李翔：所以预制菜被污名化，你生气吗？

贾国龙：主要是这不符合事实。预制菜最初在发达国家，尤其是日本，得到了广泛传播。日本家庭完全是以冷冻菜为主，预制程度相当高，营养不流失，口味稳定，价格还合适。

李翔：很多人讲小炒有锅气，这个说法成立吗？

贾国龙：只有小炒得现炒，但小炒的原料除了现切的，也是预制的。鱼香肉丝、宫保鸡丁，腌制一下就可以，但是南方的红烧肉和腊肉这些菜都得预制很长时间。腊肉、风干肉都是预制原料，对预制的环境有特别的要求。泡菜、霉干菜也是预制的。

锅气就是炒菜，菜进锅现炒肯定好吃，预制以后，口味就不行了。但是会炒菜的人太少了，而且炒只是中国众多烹调方法里面的一种。

李翔：你刚才提到预制菜会经过比较混乱的一段时间，在这个状态或者这个风潮里西贝会扮演什么角色？

贾国龙：我们不想蹚这个浑水。领导者我们扮演不了，那就先让大家乱打着。我们就是靠实实在在做菜，你吃得好再买。开始是想把这个东西快速复制，现在是把快速复制的心思放下来，把我们的销售节奏放慢。

预制菜概念火得不得了的时候，很多人请我去演讲，我说我去讲啥呢？我现在没有经验，就有点儿教训，但是教训此时此刻也不能讲。等大成之后，你讲你的教训，别人就会佩服你；没成的时候，你讲教训，别人只会说"你看你又错了"。

系统能力决定餐饮天花板

李翔：我听到过一个说法，海底捞已经是中餐的天花板。

贾国龙：海底捞是火锅的天花板，不能说是中餐的。火锅能代表中餐吗？

李翔：那中餐的天花板就更低了，因为海底捞已经是整个中国餐饮企业里营收做得最高的了。

贾国龙：海底捞在火锅里肯定是天花板，但火锅是中餐里面的一个类别，中餐太丰富了。中餐最终的头部品牌一定会和麦当劳旗鼓相当，而且也就是10年、20年的事。海底捞的市值最高时到了几千亿港元，麦当劳是2000多亿美元。随着中国的发展，以及十几亿人的饮食需求，再加上中餐的博大精深，最后中餐连锁的天花板一定是和麦当劳旗鼓相当的。

李翔：现在中餐企业营收能超过100亿元的屈指可数。
贾国龙：只有海底捞一家。

李翔：问题出在什么地方？难以快速复制，难以标准化吗？

贾国龙：这是综合能力和系统能力的问题，也和消费者的购买能力有关系。做快餐，也得普通人开始吃快餐才行。现在普通人还是从菜市场买菜回家做饭，或者还是吃很便宜的地摊食品，那肯定不行。中餐发展需要中国式现代化的实现、人们整体收入的增加、消费习惯的改变，还有供给的优化。

供给的优化其实就是一种系统效率能力，中餐整体效率太低了。麦当劳是以小时为单位排班，发时薪，而中餐大多还是以月为单位来发工资，连周薪都不是。

麦当劳的系统能力强。麦当劳的原料便宜到什么程度？白羽鸡5元钱一斤，没有比白羽鸡再便宜的肉了。还有最便宜的土豆，一颗土豆做成薯条卖多少钱？做成土豆丝卖多少钱？中餐跟麦当劳的要价能力比差远了。最便宜的糖水，一杯可乐10元钱，中国一杯糖水你卖10元钱好卖吗？最便宜的人力，麦当劳是年轻人的第一份工作，很多年轻人抢着去麦当劳打工，一小时付20多元的薪水。最便宜的人力，最便宜的粮食，最便宜的肉，最便宜的糖水，组合成了一个品牌，变得人人都喜欢——我就很喜欢，所以它是一种系统能力。

中国企业家做企业的能力跟美国、日本，以及欧洲一些发达国家比还是有差距的。看上去我们好像赶上了互联网的浪潮，因为大市场成就了一些互联网企业，但是很多行业的系统管理能力和西方比还是有明显的差距。我们的服务业品牌和西方的差距非常大，好在中国市场大，而且我们比西方人勤奋多了。基础弱，就得更勤奋，市场大也能养得住，一点一点追，一定会追上的，只是时间问题。

消费要分级

李翔：美食市集和中华小吃街的客单价预想是多少？

贾国龙：市集是 100 元，小吃街没那么贵，我估计 70 元吧。

李翔：那我还挺好奇你怎么看所谓的消费降级的趋势，因为你一直讲要"有点儿贵"，现在的客单价也是有点儿贵。

贾国龙：消费会分级。该降的降，该升的升。未来人们的收入增加是趋势，因为我们的收入太低了，不论是蓝领工人还是白领基层都太低了，但不应该这么低。经济发展不就是让人们的收入增加吗？翻一倍正常，尤其基层蓝领的工资平均翻一倍很正常。收入增加了，消费不也就增加了，怎么能消费降级呢？

李翔：但是这两年大家注意到的明星公司都是在"消费降级"，瑞幸相对于星巴克在降级，蜜雪冰城相对于喜茶在降级，喜茶自己也在降级。

贾国龙：降价不等于降级，由于销量变大，成本结构产生变化，所以可以低价供应。就像汽车一样，福特既要给员工涨工资，又要给汽车降价，让工人能买得起汽车。降价的原因是标准化可以大批量生产，包括大批量采购原材料，导致成本降低。工人工资增长是由于汽车卖得多、赚钱多，把其中一部分利让给工人。这在道理上是通的。我觉得中国式现代化随后也要走这个过程。

李翔：所以你认为定价偏低的公司在这几年能够获得比较高的增速，是个阶段性现象吗？

贾国龙：不是，定价低是因为效率高了，导致成本低，所以能把价格降下来。

李翔：如果莜面村开到了1000家，它会降价吗？

贾国龙：不会。这就看要做哪个客层的生意。除非换产品结构，莜面村的产品结构就适合90~100元的客单价，如果降价就得换产品，就不能卖牛大骨了。莜面村现在的客单价是比较舒适的客单价，我努力把营销做得更好，多增加10%的客人，就够了。

性价比是两个游戏，一个是降价，一个是提质。我可以把价格往低降一降，我也可以把体验往上提高一点儿，让顾客觉得值。我们现在努力做的是提质，不想降价。

李翔：90~100元的客单价，会妨碍这个模式下沉到三线城市，甚至层级更低的城市吗？

贾国龙：价格完全是由产品结构决定的，像贾国龙美食市集有花椒鸡、佛跳墙，卖的量不是很大，但是它会拉高客单价。如果把这部分产品砍了,只做基础的供应、低价的产品,就把客单价拉低了,来的人可能就稍微多一点儿。

至于三、四线城市,同样的模式我在北京可以开100家,呼和浩特的高消费人群没那么多,就开10家,到我们临河区开1家就够了。城市里面的消费永远是金字塔结构,越大的城市,高消费人群的比例越大。只要满足自己的客层就可以,到了三、四线城市可以少开点儿店。看自己选择的是哪一个客层,每一层都有生意可做。

李翔:按照现在的客单价,西贝就是比较坚定地选择了比较高的客层?

贾国龙:坚定不移的"小贵"原则。即使我们做中华小吃街,也是这个原则。我们不玩低价游戏,因为我们对品质的追求决定我们玩不了。我心里面想的是中华小吃街得比麦当劳贵10元钱。我比它贵10元钱,但是体验绝对要比它好。同时我也有低价的东西,说白了丰俭由人,该有还得有,只是我价格带更宽一些,最后平均消费会更高一些。

李翔:这个"小贵"是由成本结构决定的?

贾国龙:第一是由成本结构决定,第二是由定价原则决定,其中成本结构是关键。要是完全和麦当劳一个价位,又要比麦当劳提供的东西好,成本就会更高,最终取不出一样的利来,就竞争不过麦当劳,利润率不一样,没法竞争。我一年卖 100 亿元,10% 的利润,10 个亿;你一年卖 100 亿元,5% 的利润,5 个亿。你 5 个亿的利润竞争不过我 10 个亿的利润,因为我有再投入的能力,我手上的"弹药"更足。所以,赢利能力是一种核心竞争力。

李翔:"小贵"可以支撑你 2015 年定下来的愿景吗?

贾国龙:没问题,愿景会随着中国人收入的增加而实现。麦当劳进入中国的时候多奢侈啊,我大学同学刚毕业的时候,一个月工资 68 元,只够吃两顿麦当劳。麦当劳厉害的是,来中国 30 年不怎么涨价。中国人的收入在增加,能吃得起麦当劳的人越来越多。能坚持不涨价,是因为它有稳定的原料体系,还有不断提高的效率,以及长期在一个市场的折旧费用,在早期都被摊掉了,后面相对来说摊的费用少一些。

李翔:定"小贵"的定价区间,原因之一是对消费者有足够的信心,这种自信是直觉吗,还是分析之后的?

贾国龙:我们是根据正反馈得出来的。34 年前,也就是 1988 年在临河创业时就是小贵定价,被临河消费者天天骂西贝贵。1999 年刚进北京,开第一家店——金翠宫莜面美食村,我们是内蒙古来的家常菜馆,把家常菜卖到五六十,那时候北京的家常菜是大鸭梨、郭林家常菜,40 元就能吃一顿饭。有一个餐饮专家说:"西贝把家常菜卖到了价格天花板。"当时也被消费者说贵。我们在一个小县城里就贵，一直贵到现在。人们都说西贝贵，但是喜欢西贝的消费者也要去吃，所以这个定价区间是通过正反馈得出来的。

我们也开过低价品牌，到了包头，顾客说："西贝贵，旁边的饭馆便宜。"我们就把价格降成跟它们一样。结果3个月之后，我们的店关了，亏了900万元。我们一降价就死，因为降了价，但是成本降不下来，人家是成本本来就低。所以不如坚持"小贵"，但努力往好做，客群就会非常稳定。

前两年我们被骂贵，那是我们自己的问题。我们从2018年开始犯了一些营销上的错误，体验没跟上去，还有几个产品贵。被骂，我们还没办法，因为在互联网时代，骂会像病毒一样传播，所以受伤了只能靠时间来疗愈。

做会员要和产品配套

李翔：你说的营销上的错误是什么？

贾国龙：2018年我们卖过一个299元的会员卡，每卖一张给服务员20元钱奖励。那时候为了获得会员，会给会员发券，以为会员就是价值、会员就是钱。现在发现根本不是。无论是不是会员，只要我们做得好，人们还是愿意来。

我们以为获得多少会员就是获得多少价值，其实会员没有忠诚度。结果是，为了获得会员，我们补贴了那么多的钱，最后吸引了一批喜欢便宜的顾客，反而没有好好对待那部分真正有消费能力的顾客。一年种下的恶果,后来几年都补不回来。2019年我们发现不对劲,开始调整,调了一年,新冠疫情来了,海底捞涨价,我们也涨了一次,又被骂了①。有"5000元钱吃不起西贝"的负面评价,还有"715"加"夜总会"②,反正连续地被骂。还有新冠疫情期间说我们哭穷,给国家找麻烦。各种事,我们无法应对。

李翔:所以你也认为从性价比角度来讲,2018年的时候不是那么的匹配?

贾国龙:对,而且2018年开了100多家店,店开得多,人员分化得快,顾客体验感下降。

李翔:当时可能势头比较猛,容易犯错误。

贾国龙:我们来了一个懂互联网营销的高管,开始发券、卖会员。当时认为会员是很大的价值,我们要是拥有1000万会员,那简直值钱得不得了。现在才发现其实会员没什么用处。

李翔:当时你也认为1000万会员很牛?

---

① 网友发微博说:"海底捞和西贝涨价这个事儿吧,说句实话,为啥舆论反弹这么大?归根到底,还是得罪了一大批微博网友,毕竟95%的微博网友月收入在5000元以下。"曾任西贝副总裁的楚学友转发了这条微博。

② 贾国龙回应大家热议的"996工作制",说西贝高管很拼,是"715、白加黑、夜总会",经常是每周工作7天,每天工作15小时,白天加晚上,夜里还总开会。是这样持续地奋斗,才有了今天的一点成绩。关键是要让同事们愿意干并且得到充分的回报,也就是管理上的"有利、有趣、有意义"。

贾国龙：我也这么认为。但是现在在会员里面卖东西，没人响应，因为一个人可以是无数个机构的会员。像我就是各种机构的会员，会员当多了以后，我还是会员吗？不是了。我都懒得查我手机里面的会员。

2018 年年底，我说，给我查一下西贝发出过多少会员优惠券。价值 11 个亿的优惠券！吓人吧！线上发优惠券发出 11 个亿，把我吓出一身冷汗，这可怎么办？同事说："贾总，别担心，兑付率不到 5%。"也就是说白送给别人的东西，兑付率连 5% 都不到，因为没人领。

李翔：这个还挺震撼的。

贾国龙：估计有五六千万元被顾客用了。因为它有有效期，有效期一过就作废。

李翔：如果拥有会员这个事情在你看来没有那么重要，那重要的是什么？产品吗？

贾国龙：重要的是会员要和产品配套，有很好的会员运营体系。但是现在会员运营越来越无效，越来越没有那么重要，人们都是捎带着就赠送会员。这不是由于我是会员才去买东西，也不是奔着优惠去买东西，是我买了东西，你顺便送了点儿东西，我也领了，说实话现在送的很多东西质量越来越差。可能会员有点儿折扣，但我买东西也不是奔着那点儿优惠去的。吃饭也一样。所以这个关系要搞清楚。假设我们给会员减免了1000万元，总共消费了1亿元，会员部会觉得，我送出去1000万元拉动了1亿元的销售。我说："错，是人家来花了1亿元，你求着人家给了1000万元的优惠。"

李翔：这个思维转变是怎么发生的？

贾国龙：被教训出来的。我赔了那么多钱，自己得想这个事，会员真的是奔着那1000万元优惠来的吗？不是，是因为吃完了发现有优惠，行，那领了吧。但不给优惠，顾客也照吃不误。

李翔：所以重要的还是产品本身。

贾国龙：还是产品、服务、体验，把价格做实了，性价比合适，每一单都让人满意。

李翔：过去你不担心高价的经历，是因为那时刚好是中国经济的高速发展期，所以会有这样的正反馈吗？因为在经济高速发展期我们的收入确实不断地提高，但是万一经济进入平稳期，甚至停滞期，高价会不会就收不到正反馈了呢？

贾国龙：不会的，我们是从最恶劣的市场竞争中走出来的，现在的商业环境比20年前、30年前不知道好了多少。小贵也贵不了几元钱，也就贵5元、10元，而且有群人愿意多花几元钱去买更确定的体验、吃更好的东西、享受更好的服务，我面对这个人群做生意就可以。我自己觉得这个人群可能占总消费人群的20%，中国

14亿人,有2.8亿人属于这个人群,就做这个人群的生意就够了。当然,如果你要打到地板价上卖,面对对价格最敏感的人群,也没毛病。

海底捞的秘密是淘汰制

李翔:我们之前也聊到过火锅,我在跟人吃饭的时候听说,很多人劝你做火锅,你不愿意做。

贾国龙:是。

李翔:火锅是大家公认的最容易标准化、可复制的一个品类。

贾国龙:是。

李翔:它明明是一个比较容易复制和规模化的路线,你为什么不选择呢?单纯是因为倔强吗?

贾国龙:我总是这么想,火锅赛道还需要再多一个西贝吗?西贝做火锅也做不过海底捞啊。

李翔:你做得可能跟它不一样。

贾国龙:不一样我也做不过它。在正餐赛道里,我们现在规模最大、店最多、营业额最高。做快餐小吃跟正餐的能力要求是同样的,都属于做菜,那我们可以做。

我总觉得,火锅是个容易赚钱的赛道,但我的目的不是赚钱。我觉得我们就是要在做菜这个赛道上做到最好。现在做小吃也好,做功夫菜也好,就是做菜。火锅拼的是运营能力,海底捞的服务和运营能力超强,没有第二家品牌能跟海底捞竞争。

李翔: 西贝最强的是研发能力?

贾国龙: 目前我觉得是。研发和研发之后的转化,也就是大规模标准化生产的能力,肯定是行业里面最强的。

李翔: 你说做火锅有可能做不过海底捞,潜意识里是不是也对海底捞有点儿"瑜亮之争"的感觉?

贾国龙: 那倒不是。我做不过海底捞,那就避一避,为什么非要跟着人家做,跟人抢?做火锅也得重新积累。跟我们一样从内蒙古出来的,有一批做火锅的,比如小肥羊。

李翔: 小肥羊是卖给百胜了。

贾国龙: 小肥羊代表北派火锅,海底捞代表四川火锅,我们本来是有机会的,但是错过了,重新找一个赛道做上去很难。

李翔: 你做北派火锅也不行吗?

贾国龙: 我觉得也不行,除非 20 年前就上手,现在再顶上去,那个积累太难了。

李翔：你们跟海底捞的互动和交流多吗？

贾国龙：有交流。有一年正好白兰瓜下来，我给张勇发消息说给他寄点儿白兰瓜，他当时在四川，我就给他寄过去了。

李翔：你们会讨论类似"怎么才能做到像麦当劳那样"的话题吗？

贾国龙：不会。我有一年请张勇去草原住了3天，喝了3天酒，临回来的时候张勇说："哎呀，我告诉你点儿海底捞的秘密吧，海底捞的秘密就是淘汰。各级干部都要坚决地淘汰，不行就淘汰。"大家都把海底捞解读成这样或那样，但海底捞的竞争力主要来自淘汰制度。

李翔：这应该是大部分公司很难做的吧？

贾国龙：对，西贝就做不到那么残酷地淘汰。西贝也有淘汰，但是没那么残酷。海底捞是绝对决绝，说淘汰就淘汰，比如业绩在最后10%就淘汰。但是海底捞也很人性化，要观察淘汰的干部还有没有救，可救就再给他安排工作，不可救就走，做到仁至义尽。

李翔：这两年有什么让你看上去觉得很不错的餐饮消费领域的创新吗？业态也好，模式也好，在你视野范围内的。

贾国龙：如果是"饮"，喜茶属于革命性的创新。海底捞在火锅赛道，以服务破局一直坚持到现在，把服务作为它的重要价值和看家本领，我觉得也是重大创新。

李翔：喜茶是产品端的创新？

贾国龙：喜茶是产品加模式，再加上它的产品符号和话语体系，组成了喜茶的品牌。我觉得聂云宸①是天才。

李翔：你见过他吗？

贾国龙：见过，我有这种感觉。

李翔：评价这么高？

贾国龙：对。他那么年轻，事情想明白之后，特别坚定，不乱动。其实海底捞张勇也一样，也是特别坚定，不乱动。

李翔：你之前找第二次曲线的时候，做过各种各样的尝试，这个算乱动吗？

贾国龙：我认为这是我的缺点。你看海底捞张勇不乱动，我就乱动。我在湖畔的同学阳萌②评价说："龙哥，我觉得你这一点挺牛的，你是左一下右一下，但最后还是选择了中间路线。你有你的优势，也是一种能力，乱动但没犯太大的毛病。你做快餐，5年7个

---

① 喜茶创始人。
② 安克创新创始人兼首席执行官。

项目,其实才花 2 亿多,不停地试,但也不是一下就把公司带跑偏,你只不过是在测试的时候动作比较频繁。而且你的乱动,是你说出来了,别人看见了,而多少公司乱动,是悄悄地乱动,别人不知道而已。"

李翔:其实就是乱动的同时也会控制风险。

贾国龙:肯定控制风险。我自己觉得我还是一个谨慎保守型的人,不冒大风险。从 2015 年到 2019 年,正是西贝蒸蒸日上的时候。我们 2017 年就有 5 亿多元的利润。5 年才花了 2 个亿,相当于平均每年 4000 万元的测试费。从 2020 年到现在,做功夫菜的 3 年多花了 3 个亿,每年花 1 个亿。只是在营收下降的时候花 3 个亿,好像是很不得了的事情。

功夫菜做了 3 年,其实是培养了强大的研发能力和生产转化能力,基于此,我们敢于做中华美食,敢于把中华小吃集合在一个店里面呈现。

做餐饮不能只做流行品牌

李翔:最近这些年有没有哪一个餐饮产品,让你觉得"这个事要是我干的就好了"?这几年还是有一些很流行的餐饮出现的。

贾国龙:别人干好了是人家的能力,羡慕没用。流行要靠营销能力,什么时候把自己做成经典,满足基础供应,还很赚钱,这是我的能力。往回看10年、20年,过去流行过多少品牌?1999年我来北京,最流行的是谭鱼头,火得不得了,紧接着流行沸腾渔乡水煮鱼,再接着流行小肥羊。

李翔:"小肥羊"是怎么个火法?

贾国龙:有那么几年,开店又快又火,4个月回收投资。

李翔:单店吗?

贾国龙:单店。小肥羊火锅火到不可理解。举一个例子,北京洋桥店开业也就2个小时,给关了。为什么?因为火到把一条路的交通堵了,车通行不了;火到排队的人过多,把玻璃门推倒了,直到最后有人报警。这家店不能开了,因为已经影响到交通和治安了。

李翔:西贝最火的时候呢?

贾国龙:西贝最火也没火到那个程度,最火也就是六里桥店刚开业的时候,得提前1周订位。

李翔:你们对标过本土的餐饮公司吗?

贾国龙:我们都对标,跟很多企业都进行过一些横向比较。各是各的生意,现在谁气长还不一定。这个行业气长特别重要。

李翔：气长？就是有能力跑下来？

贾国龙：对。我们穿越了多少周期，从一个小城市打上来，经历过多少波折，才走到现在。

李翔：你们的战略是怎么定出来的？

贾国龙：战略还是以我的思考为主。

李翔：我听说有人吐槽你们的战略能力，认为你们执行力非常强，但是战略可能弱一些。你听过这种说法吗？

贾国龙：有这种说法。但是按我的理解，我们是战略能力大过执行能力，战略能力更强一些，执行力反而相比海底捞弱一些。为什么这么说？我们是从内蒙古临河走出来的餐饮企业，临河虽然不能说是美食荒漠，但肯定不属于美食高地，川菜、粤菜、淮扬菜等八大菜系才是美食高地。

人说西贝的执行力强，我们的执行力确实不差，但执行力是受文化和战略影响的。战略是一种选择，比如在哪儿开店、要做什么菜等。战略其实就是选择做什么、不做什么。我们选择来北京开店，选择在边缘开大店。来北京做着做着就开始做家乡菜，做牛羊肉莜面、做西北菜，这些都是战略选择。

李翔：边缘？

贾国龙：边缘菜系，选址也在边缘，六里桥、颐和园、亦庄，尤其六里桥的旗舰店绝对边缘。在边缘开大店，这是战略选择。成功之后，开始往全国扩，又赶上商业综合体的红利。正好当时我们有一个同事去日本学习，回来就要开小店，但内部不同意。我说试试，结果一试就成了，这才是我理想中的小店模型，然后开始复制。把握住这几个选择：进北京，边缘开大店，进商场，全国开店。

这次新冠疫情，我们又转到了更高的标准化选择上，说是做预制菜，其实就是构建了更强的大规模标准化的能力。现在要做中华小吃街，因为这个能力构建起来了，我们就是要代表中国，将来的理想是代表中国菜到美国、日本以及欧洲各国开店。这里说的中国菜不是那种高大上的大菜，而是最接地气、最有烟火气的中华小吃。

李翔：你会羡慕米其林餐厅拥有的知名度和美誉度吗？

贾国龙：当然羡慕了，但是我们做不了，因为我们做的是大规模连锁。还有，我要回应你前面的问题，说西贝战略能力不足的一定是定位派。他认为定位就是战略，就是心智。我认为不是。真正把战略讲通的是曾鸣[1]，想做、可做和能做的交集就是一个企业该做的，这就是战略。

李翔：刚才说到喜茶，我跟一些人聊，他们也反馈喜茶开到低

---

[1] 阿里巴巴学术委员会主席。

层级城市的时候会遇到一些问题。

贾国龙：可以晚开一点儿，比如 10 年之后再开。星巴克的开店策略不冒进，它对先进什么市场、后进什么市场的思考很充分，因为提前进入，反而时机不合。有个词叫"啐啄相应"，意思是小鸡破壳时，小鸡从里面啄，母鸡从外面啄。我觉得市场就是这样的，一定是消费者有需求，供给方有供给，时机才刚刚好。过去西贝有点儿乱开，我觉得就是这个时机把握得不好。之后我们开店还是要推敲：哪些市场先进，哪些市场后进，哪些市场要高密度地开，哪些市场要往后放一放。

李翔：当时你认为是乱开，但是市场也给了你一些正反馈。

贾国龙：但是乱开的话很多店就失败了，在不该开的城市开了，单丢一个店在那儿，供应链和人都是问题，管都管不过来，巡店成本很高。

李翔：你当时为什么会做这样的决策？有人跟你反馈吗？

贾国龙：我自己觉得是没有完全想明白。当时有商场提供优惠，又说那个地方的人消费水平很高，于是就开了。结果很多城市就是单丢了一家店。事后总结，觉得是错误的。

李翔：那些单丢的店你后来关掉了吗？

贾国龙：有的店还维持着，但是第二家店又开不出来。不如在北京密集开店,多开十家二十家。但是做企业就是这样。企业有不犯错误的吗？人有不犯错误的吗？球员有不输球的吗？人这一生不就是这样吗,跌跌撞撞,弯弯绕绕,最后大成。该成还得成,但是该犯的错还得犯。你发现错了,认错,改了就行。

李翔：你为什么这么烦定位理论呢？你应该是我见过的做消费里面对定位理论明确表示反感的人了。

贾国龙：艾·里斯和杰克·特劳特的理论没问题,但在中国,定位理论变成教条了,好像除了它对,其他都错。定位理论对中国企业的负面影响挺大,这其实是小山头理论,他们认为这是企业唯一的选择。但企业还可以做草原、做大海,为什么非得做小山头呢？

短板不一定要改

李翔：我理解你们的长板可能是研发能力,那在你看来,这个组织,包括你自己,有明显的短板吗？

贾国龙：有,西贝的短板就是随意性太大,从我本人到组织,做事情的计划性不强。

李翔：听上去也不打算改的样子。

贾国龙：是想改,但不好改。变得快是我的特点,但是后果就是计划性不强，朝令夕改，跟着感觉走。不过我仍然要求自己全身心投入。

李翔：将心注入。

贾国龙：对。因为 30 多年就是这样过来的，不是现在才形成的，这种工作方式不断地给我正反馈，很多事情就是这样成功的。但问题是有时候会让下面的人无所适从，觉得老板又要变，要不要等一等？我说："你能不能跟着我变，不就是玩吗？你站着，身体就冷了，你得动起来。"做企业和在球场上打球没有什么区别，状态必须保持火热。

李翔：所以如果变来变去，就需要组织的灵活性非常高。

贾国龙：对。

李翔：所以还是不打算改，是吗？

贾国龙：改了之后就不是我了。不是不打算改，而是要评估改了之后的副作用，改了之后还是不是我。

李翔：比如营销，像你刚才讲的，有些餐饮品牌很擅长通过营销的方式触达用户，获得年轻用户的青睐。这些东西你不认为是西贝的短板？

贾国龙：是不擅长，西贝擅长的是另一个东西。我们就擅长硬碰硬地做管理,就是要把这道菜做好吃,把基础服务做好,把餐厅环境做好,最后大家慢慢就会认识西贝。我觉得我们抗风险的能力还可以,不会被轻易击垮。

李翔:相当于你更希望用自己的长板去弥补那些短板。

贾国龙:是的,短板不能太短,但是把短板补成长板特别难。我觉得我们也不属于营销太弱的,只是我们没那么强。而且流行总会过去,我还是坚信这一点,因为30多年我们见过了很多火得不能再火、热得不能再热的品牌,但过了那个周期就再也回不来了。

李翔:你这种对气长的自信和笃定来自什么地方?

贾国龙:来自市场反馈出来的信息,我们是有34年历史的餐饮品牌,而超过30年的餐饮品牌不多。我们各种小危机、大危机、局部危机、整体危机都经历过,这里面有自己的问题、大环境的问题、市场的问题,还有新冠疫情这样不可抗力的问题,我们经历的事够多。每一次小的危机,都会让我们更强。我们最早在包头开店,一下就栽了,当时大家都说包头那家店臭大街了,怎么可能救活呢?但是我们死马当活马医,最后把那家店救起来了,后来那家店成了包头最火的店,到现在也是效益很好的店。

李翔:这也是拧巴的表现。

贾国龙:有人说砍了就行。我说不能砍,救。救的过程中练就了一种能力。

李翔：现在还是会有这样的态度吗？不能砍，必须得救？

贾国龙：得看值得不值得，好多不值得的店砍就砍了。

李翔：34年能一直做到现在，可能中间有无数的风险，你自己觉得西贝能活下来，活到今天还不错，原因是什么？是韧性强吗？

贾国龙：首先从我本人来说，我觉得我还是属于保守中求进取的人。我一直在求进取，一直觉得自己可以更好，很投入。其次我还是一个保守的人，这就让西贝整体的基础非常牢固。

李翔：同事会认为你是一个保守的人吗？

贾国龙：这个得看人。华杉①说我冒进，我说我真不冒进，我看重研发的投入占销售额的比例，比如在3年前就规定铺底资金不能少于2亿元，现在铺底资金不能少于5亿元，这些都属于保守的打法。

李翔：到今天你创业也三四十年了，在公司内部肯定是德高望重，你会恐惧自己可能陷入某种信息茧房中吗，就是大家都说你爱听的话？

---

① 华与华营销咨询有限公司董事长。

贾国龙：目前还没有你说的这种恐惧和担忧。

李翔：你们公司的高管里面有人能够跟你互怼吗？

贾国龙：干部都是我一手带起来的，或者是我挑选的，这就特别容易听我的。我说了什么，他会进行合理化的解释，就觉得我应该是对的。就算我带他兜圈子了，他也觉得是对的，就应该这么兜。（笑）

李翔：你会刻意去听一些不同的声音吗？

贾国龙：我觉得不在于有没有不同的声音，而是在于自己的觉察力。比如贾林男有时候想表达一些不同意见，他有情绪，话里有话，这其实跟他说得直接不直接关系不大，而在于我自己有没有这种觉察力。这些东西要能看见，而不是说大家都提反对意见，都说不同的话，然后吵架。重点不在于会议上干部是否提出反对意见，而在于老板能不能听懂。

老板自己的觉察力、判断力和辨别力决定了这个组织的天花板，这就是"老板封顶"，任何组织都是这样。这个组织的老板就是最高的，就是天花板，这是客观事实，别希望通过一种机制能替老板承担责任。

李翔：既然你已经很明确地意识到老板会给这个公司封顶，我相信你一定会用很多方法不断去抬高那个顶。

贾国龙：对，就是自我学习、自我提高，这是唯一的办法。等将来上市后建立了健全的董事会和治理结构，也会有一些用。外部投资人在提供真金白银的投资并期望回报的同时，也应该有话语权。但现在就是自我学习、修炼，天天都在反思自己是不是卡在哪儿了。

"餐饮是个大海，我们每个人各拿了只桶"

李翔：因为有西贝和贾国龙的存在，餐饮这个行业有什么变化吗？

贾国龙：变化太大了，西贝对行业的影响显而易见。

李翔：是标准化方面？

贾国龙：对，标准化是一个方面。我们做西北菜在全国开了这么多家店，除了北方，在南方的五六个城市里生意也不错。在正餐里，我们做得还算有价值。然后就是菜品的标准化。中餐标准化很难，而我们是越做越有感觉，并且上了一个台阶，现在的功夫菜，随后的小吃，标准化程度更高。因为我们真的掌握了一些标准化的底层能力，我们把它拆解之后发现，原来餐饮就像零件一样，是组合出来的，分离、组合，先分离，再组合。我们掌握了它的基本逻辑。

李翔：你讲的一句话我印象还挺深刻的：餐饮这个行业看上去门槛很低，但是进去之后，真正要做好很难，真正的九段选手非常少。我不知道在你看来，需要具备什么样的能力或素质，才可以成为九段高手？餐饮行业里面有这样的人存在吗？

贾国龙：做餐饮太考验综合能力了，我入行的时候，觉得不就是开个餐馆做饭嘛，但是不停地学，见了那么多的高手以后，我觉得自己本事不够。

我们最近要做中华小吃街，小吃街是类快餐，比快餐高一点儿，但有很多的快餐属性。当我发现包装会成为一个重要的破局点的时候，我其实挺佩服自己的。我们的人就开始研究麦当劳的包装。智米科技的苏峻[①]曾经跟我说，他作为一个做工业设计的人，觉得麦当劳的包装真的挑不出毛病来。苏峻最爱吃麦当劳，他吃麦当劳很重要的一个原因就是体验和研究麦当劳的包装。我也慢慢有他的那种理解，真的要把这个行业的那些底层逻辑说清楚，太难了。

李翔：有你认为理解到这个底层逻辑的人吗？

贾国龙：只要做到头部，都有各自的厉害之处，新荣记有新荣记的厉害之处，海底捞有海底捞的厉害之处，太二有太二的厉害之处，巴奴有巴奴的厉害之处，喜家德有喜家德的厉害之处。但都不是最厉害的，什么时候你能够跟麦当劳门挨门、门对门开店，能压

---

① 智米科技首席执行官，清华大学设计艺术学博士，创业之前曾担任过北方工业大学工业设计系主任。

着它，让它反过来学你，把你当成一个真对手，你就真的厉害了。看不上麦当劳的也有，但是全球第一餐饮品牌，你看不上，只能说你没看懂。

李翔：有做中餐连锁的企业能看懂麦当劳的吗？

贾国龙：看懂一点点吧。九毛九餐饮的管毅宏非常推崇麦当劳，所以他基本是用懂麦当劳的人来做运营。

李翔：你们一群餐饮企业的首席执行官坐在一起都会聊什么，会聊菜好吃吗？

贾国龙：会抬杠，我们不是一派。（笑）抬半天杠，喝半天酒。每年至少聚会一次。

这些老板都挺坦诚的，因为谁也不抢谁的生意。我们的规模都多小啊！餐饮是一个大海，我们每个人各拿了只桶，你多打一桶水，我也不会少打一桶。增量都做不过来，4万亿元的市场，每年10%的增量就是4000亿元，我们这一群人加起来还不到4000亿元。你好，我跟你学就行了；打不过你，我躲还不行吗！我们都是各做各的生意。

第二次访谈

访谈时间

2023 年 1 月 18 日

地点：中关村 e 世界"贾国龙酒酿空气馍"的第一家样板门店（后来又改成贾国龙小锅牛肉门店）。

产品收窄是为了大量复制

李翔：现在开出来的不是小吃市集，而是改成了酒酿空气馍店吗？我们上次聊，包括去看现场的时候，感觉你还是很有雄心壮志的，觉得小吃市集是可以铺开开店的模式。

贾国龙：空气馍开出来之后，我们发现它更好复制，最终还是为了大量复制。现在这个模式是纯快餐，我们把美食市集收窄成小吃市集，中华小吃街收窄成酒酿空气馍。现在确认，这个模式是能大量复制的模式。

李翔：这个过程是怎么发生的？我记得上次聊的时候你的重心

都在小吃街的项目上。

贾国龙：中华小吃街收窄变成了酒酿空气馍。其实它仍然是中华小吃街，只是主打酒酿空气馍。原来的中华小吃街在选产品的时候没有侧重，只是把各种小吃平行地推进，再以地域来划分。到具体做店的时候，发现如果要平行推进，没有主打产品，效率并不高。因此就找到了浙江的酒酿馒头，用酒酿馒头夹东西。当地叫酒酿馒头，也有年轻人叫它空气馒头，我们叫它酒酿空气馍，用它来夹万物，把它变成了主打产品。

在之后试验的过程中越试越有感觉，觉得这真是中式汉堡，是相当于麦当劳汉堡一样的快餐，所以就把它变成主打产品了。其实仍然是中华小吃街的构思，但因为收窄了，就不叫小吃街，干脆以主打产品命名。以后还会收窄，最近很多顾客来了，对"酒酿"这两个字有疑问：孩子能不能吃？我吃了能不能开车？等我们开第二家店的时候，准备把酒酿也拿掉，变成贾国龙空气馍[①]。

李翔：普通用户理解不了空气馍这个产品吧？

贾国龙：有教育成本，但是我不想叫肉夹馍，也不想叫中式汉堡。

李翔：它是哪个地方的小吃？

[①] 该产品最后确定的名字是"贾国龙中国堡"。

贾国龙：浙江桐庐的一种小吃。我们就是把一种小吃放大，变成我们新的项目。

这里面具体的产品有红烧肉酒酿空气馍、黄牛肉酒酿空气馍、炸猪排酒酿空气馍、臭豆腐酒酿空气馍、卤肥肠酒酿空气馍、藤椒鸡酒酿空气馍、肉饼蛋酒酿空气馍，还有双层红烧肉酒酿空气馍，这个产品对应的是麦当劳的巨无霸。和麦当劳最大的不同是，麦当劳没有汤浆，而中国人吃饭爱喝热的。其实酒酿空气馍还是中华小吃街的逻辑，只是收窄了，有主打单品，效率就变高了。

我们就是钉着汉堡，就是要和麦当劳"约架"，所有的产品都钉着麦当劳，但比麦当劳多出来一个中华汤浆，比如酸米浆，有 0.2% 的酒精度。

李翔：我还挺好奇这个项目的收窄过程是什么样的？

贾国龙：在 2022 年 10 月 30 日，有了这个收窄的想法，我就跟孟德飞通电话。我说："老孟，我在新荣记吃过一个菜——红烧肉，同时上了一盘馒头，馒头暄暄软软的，我觉得夹东西挺好。后来在湖南菜餐厅看到过梅菜扣肉也是这样。"孟德飞说："那是浙江的酒酿馒头。"我就让他派人去考察，了解完之后他马上就给我发信息，还给我拍照片，说当地人什么都夹。我说："有意思，你往北京发一些馒头过来。"不到一个星期就发过来了，然后我们就开始试，夹各种东西，过程中很有感觉。这个馒头因为是酒酿发酵，工艺复杂，比北方馒头明显更蓬松、好消化。于是就顺着这条路开始尝试,到同年 11 月 30 日,我们就在西贝小院做出两家店来。

李翔:你提出来要把小吃街收窄到某一个具体的产品上,当时已有的小吃里面是没有酒酿空气馍的?

贾国龙:当时没有。但是当时就想好了中华小吃街是要"约架"麦当劳,中国小吃"打"美国小吃,贾国龙"打"麦当劳。人家有汉堡,我们想对应产品的时候就想到这个酒酿空气馍了。肉夹馍我又不想用,因为我们曾经卖过肉夹馍。

李翔:是孟德飞那个西贝超级肉夹馍项目?

贾国龙:对,我觉得那个肉夹馍项目是有硬伤的。

李翔:酒酿空气馍好在哪儿?

贾国龙:它的好处就是好消化。我们连着试了几天,孟德飞他们都是干过肉夹馍的,都说这个好,好消化。我们当年试肉夹馍,吃完一天都不用吃饭。孟德飞更夸张,说认认真真地吃一次肉夹馍,三天都不想吃饭。

李翔:这个馍在新荣记本身是有的吗?

贾国龙:不是天天有,有时候有。我是在台州的时候,在新荣记的一个宴会上吃到的,用这个馒头夹红烧肉吃。

李翔：这个馒头本身需要研发吗？还是在桐庐当地就有现成的产业？

贾国龙：空气馍是非物质文化遗产，有几百年的历史，在桐庐是个产业，当地老乡自己吃，也销往全国，但是只卖馒头的还是小众。

李翔：你们做的空气馍跟桐庐本地的有区别吗？

贾国龙：我们的人考察完之后，找了一家工厂，按照我们的标准升级了。

李翔：在桐庐当地？

贾国龙：对，在当地。他们后来到桐庐吃了好几天酒酿馒头，觉得自己研发的更好吃。其实就是我们的标准更高了。我们找了一个厂家，从面粉的选择、发酵的工艺，再到成型，每个方面的要求都更高。当地老乡的工厂都是小厂，参差不齐，但工艺差不多，而我们的标准会更高一些。就像我们做陕西的黄馍馍一样，我们学回来之后选料更精，杂质去得更净，发酵的工艺更稳定。我们的面点师傅崔晓燕拜黄老汉的老伴为师，老人家说："晓燕，我觉得你们的馒头比我们的好吃，更稳定，形状更好，颜色更好，也更细腻。"①

---

① 西贝在 2012 年签下了在纪录片《舌尖上的中国》中走红的黄老汉夫妇，请他们指导生产黄馍馍，并在西贝餐厅销售。

李翔：你提出来要聚焦到这个单品上的时候，有人有不同的意见吗？比如为什么是这个单品，为什么不是其他已经研发很长时间的单品？

贾国龙：我提出来之后还是假设，不是一定要这么干，只是先收窄试一试。试的时候，团队一下子就接受了，觉得这个东西太好了，什么都能夹，而且效果那么好。它的优势是汉堡逻辑。毫无疑问，全世界快餐最牛的模式就是麦当劳模式，操作之后发现汉堡模式的效率明显要高于中餐其他模式。我们只是换了产品，其实模式还是麦当劳模式。

富矿投重兵

李翔：假设这个模式5年后非常成功，到时候你跟别人讲，你从2015年开始，摸索了这么长时间才找到这个模式，其他人可能会非常不理解。麦当劳、肯德基，拿个东西夹一切，照着做不就完了吗？

贾国龙：开始时我们有点儿偏执，认为中国快餐不能像麦当劳，中国饮食博大精深，为什么要像麦当劳？我们不断地尝试米饭、炒菜、面条、肉夹馍，7年投了5个亿，怎么做都不对，直到找到麦当劳模式。看懂了麦当劳之后，真的从内心佩服麦当劳。有这么一个过程，开始时质疑，然后理解、学习。但是产品全换了，它是美国小吃，我是中国小吃。产品不一样，但模式完全一样。麦当劳模式是快餐的最佳模式，是效率最高的一种模式。

李翔：我相信你做美食市集和小吃街的时候也还没有绕过这个弯吧？

贾国龙：没有。

李翔：怎么突然一下子就想明白了？

贾国龙：就是错的时间太长了，错的太多了，错到了绝望的感觉。所以酒酿空气馍产品能推出来，除了努力的成分，再加一部分能力的成分，还有一部分勇气的成分。到最后真的是有一点儿绝望了，人绝望的时候就会乱打，左冲右突，冲不出去。我估计每个人都有过绝望的时候。

李翔：这个我理解，肯定跟当时的大环境也有关系，新冠疫情期间哪儿也去不了，只能待在这个小院里。

贾国龙：有点儿关系，但这反而逼着我只能试自己的东西。你看我们的小吃，麦当劳是薯条，我们是薯块，还有小酥肉、烤鸡爪、烤鱼、臭豆腐、米浆。

李翔：这些都是以前中华小吃街里的？

贾国龙：对。钉着麦当劳的汉堡、薯条、可乐这些产品，我们对应做了馍、薯块、米浆。它有的我都得有，可乐、咖啡我也有，但是我有的它没有。

李翔：相对于之前肉夹馍的馍，以及普通的馒头，酒酿空气馍的特点是什么？

贾国龙：它真的是酒酿发酵的，我们的人看完之后说："南方人做馒头明显比北方人做馒头复杂。"他们用传统的工艺来做，培养酒酿发酵剂就要好几天，然后把它放到面粉里发酵，最后再蒸。北方人现在就是用小苏打、碱，用发酵机直接发酵。过去北方的传统做法是把面粉慢慢起肥，然后把发酵的面肥放到面粉里发酵馒头。南方是把酒酿作为引子来发酵馒头，出来的馒头气孔明显更大，同样大小的馒头，面粉量只是北方馒头的二分之一。北方人认为这样不实在，但是这种馒头吃了好消化。其实能含住空气、含住水是工艺，不是不实在，是人家下了功夫。

李翔：这家店之前本来是要做什么的？
贾国龙：一开始是做功夫菜体验店的。

李翔：这个地方已经租下来很久了？
贾国龙：一年了，免租期半年，房租付了半年，本来准备退掉算了，现在决定做贾国龙酒酿空气馍北京战役指挥中心，后面是创意中心和市场部，前面划出一块做旗舰店。这个想法出来之后大家都觉得好，用一个月时间就做成这样了。再开新店会比这个小，

100~150平方米就够了。我们正在街上找店面，目前已经找到19个点位。计划今年开365家店，日开一店，遍地开花。

李翔：中餐这个品类里，历史上有这么快开店的吗，日开一店？

贾国龙：直营店做快餐的里面，以100平方米为单位，一年开365家店的没有。特许加盟的有，特许加盟一年开1000家店的也有很多。

李翔：日开一店的策略会过于激进吗？

贾国龙：这个也得验证。我们憋了3年，不但没开店，还关店。2018年莜面村开了110家，那些店大，还复杂。现在要开的店小，我觉得我们一年开300多家店没问题。还有投资强度，一家店投100万元，365家店一共3.6亿元的投资强度，对我们来说不算大，而且这些店还是陆续开出来的。

这365家店，我们的计划是2023年5月1日之前开50家，春节之前有19家能签，7月1日之前我们开到100家就行，这是上半年的规划。7月1日之后，除了我们现有的开店团队，莜面村的团队也会加入。7月1日之前不允许他们参与，上半年他们处于新冠疫情后恢复生意的状态，不需要参与新项目。

李翔：他们想参与吗？

贾国龙：太想参与了，憋着3年不让他们开店，还减店。其实主要是选店难，装修、建设、开店都容易。容易到什么程度？我们全国有 365 家莜面村，给一家莜面村分一家快餐店的开店任务，每个店派 3 个人就能开。但是我们不这么干。

选店重点是要选出好点位。所谓的"黄金点位"需要"三好"：点位好、房型好、条件好。一个好的点位，铺位得好，铺的空间结构得好，条件也得好，三好点位没有那么多。北京有 3 万多家餐馆，三好点位总还是有的，就是得辛苦一点儿，拉网式地去找。我们用一周时间在北京地图上画出了 52 个网格，把开店团队分成了 52 个小组，一个网格安排一个小组去选店，把整个大研发团队都抽到北京来开店了。2023 年 12 月 31 日年会，第一个板块是誓师大会，由开店团队来承诺完成开店任务。

李翔：7 月 1 日之前不允许莜面村的团队介入这个业务，就是为了让他们集中精力恢复业绩？

贾国龙：主要是恢复业绩，再说刚开始时店也开不快。他们是更大的部队，破局的时候不需要那么大的部队。破局的时候还是先慢一点儿，先把样子打得差不多。但是今年投资强度肯定要更大，因为投资强度直接影响我们在北京市场的声量。

李翔：今年就是专注在北京？

贾国龙：对，就是在北京的市区，较远的区我们都不覆盖。

李翔：为什么没有选定几个城市同时开店？

贾国龙：不想分散精力。未来3年我选定了3个城市——北京、上海、杭州，一共开2000家店。今年先把北京的300多家店开了，明后年得加大密度，北京肯定得到1000家店。1000家店怎么来的呢？就是要等于"麦肯汉"的数量，即麦当劳加肯德基加汉堡王。"麦肯汉"现在在北京一共有940多家店，麦当劳有380多家店，肯德基有460多家店，汉堡王有100多家店，未来几年它们也会新开店。我们一个中式品牌等于它们3家的总店数，但是我们的面积要小一点儿。

李翔：为什么先选一线城市开店？

贾国龙：第一，西贝的总部在北京，我对北京市场了解；第二，北京是"富矿"，上海是"富矿"，杭州是"富矿"，深圳是"富矿"，我就是要直接在"富矿"开店。我们莜面村不是在全国各处开店吗？但发现还是北京的效率最高，消费能力最强，"富矿"就要投入重兵。

李翔：但是竞争也更激烈？

贾国龙：不是。是破局难，一旦破了局，竞争就没有那么激烈了。就像种地一样，在土地好的地方种一亩是一亩，土地不好的地方只能少种一点儿，或者广种薄收。一个城市开上一家店或者三五家店，没有集中的优势。现在全国某个城市单丢的店，我都让他们撤。正餐稍好一点儿，快餐要的就是供应链能力和配送效率。集中一定是对的，我们吃过不集中的亏。

探索新模式主要靠精力投入

李翔：你们2015年开始下定决心探索小西贝的模式，内部叫"第五代店"，会有风险控制吗？比如要控制在多少预算之内做这个试验？

贾国龙：没有，因为当时做试验的总花费不大。我们投入够猛了，7年累计投资5个亿，开始每年是五六千万元地投，最近这3年我们把研发费全转到了对新项目的投入中，2023年、2024年和2025年每年1亿元的研发费用全转到这里。

之前是4年投2个多亿，平均一年才5000多万元，不多。我们生意最好的时候一年的利润有5个亿，所以拿出5000万元做新项目研发不算大投入。我们是喊的声音大，我也好吹牛，声音大，别人就觉得我投入很多。我这7年的精力全在新项目上，分给老项目的精力相对少。如果我这7年专注提升老项目，精力投到那儿，肯定会出更大的成绩。

李翔："钱投入不多"是你故意这样做的吗？

贾国龙：也不是故意的，就是投不进去。最初项目做得不行，不到大量复制的时候，怎么试都不行。最大的投入就是在上海开过

10多家肉夹馍店，深圳开过7家，都关了，上海可能亏了两三千万元，深圳亏了1000多万元，这也是项目组做的试验。上海是孟德飞在做，深圳是齐立强[①]在做。

李翔：公司有预算约束吗，就是你最多只能亏多少钱？

贾国龙：没有，就是看实际需要多少钱。我们有一个原则，就是能不浪费尽量不浪费。因为投资很难说投多少钱是对的，就给你多少钱，这个没道理。

李翔：茶颜悦色创始人小葱和我说，他也喜欢做各种新项目，也是具有试验和创新性质的。大家没办法，就每年拿2000万元预算来给小葱做新项目，2000万元花完就没了。

贾国龙：现在没有人能约束我。我是绝对大股东，又是董事长兼首席执行官。我最开始有100%的股份，分了之后还有90%的股份。我一直牢牢掌控思想权和决策权。这跟公司结构有关系，可能最后需要引进外部资本，外部资本一进来，人家有话语权了，说："你做试验可以，给你2000万元，你自己折腾。"但西贝现在还没有形成这种结构，没有外部资本，都是内部人。

李翔：10%的股份是给团队的？

贾国龙：对，10%的股份是低价给团队的，所以话语权不大。

[①] 西贝分部总经理，负责深圳、广州等地。

铺天盖地的梦

李翔：你试了 7 年一直没有把五代店的模型试出来，你们自己讨论过到底是为什么吗？用这么多的时间还没试出来，是由开大店的模式或者基因决定的吗？

贾国龙：有一段时间，有人说西贝就没有快餐基因。

李翔：谁说的？

贾国龙：外面人说的。我也发现没有，自己也认。虽然心里面是不认的，但是我要不服就是抬杠了。做快餐可能还真需要有基因，我也不确定现在到底能做到多少，先铆足劲往前冲。模式优化之后，效率高了，摊成本的能力就强了。而且我们做快餐也不能做低价快餐，西贝做低价快餐就死定了，钉着麦当劳"打"就是不想做低价。麦当劳不是低价，麦当劳的价格够高。

李翔：7 年没做成的原因是什么，是因为快餐难吗？比开正餐店还难？

贾国龙：干餐饮的干到一定程度就两个梦想和追求，一个是往高拔，做特色餐饮，做到米其林一星、二星、三星的级别，要价高，不多开店，顾客为吃我的东西得"求"我，订晚了就没座位了，这个就不宜大量复制。另外一个是快餐梦，做铺天盖地、大规模的生意，做大企业，这个更难。在中国做米其林餐厅、做高端餐饮，好多人都会做，无非就是没有新荣记做得那么极致。米其林餐厅各个地方都有，今后还会更多。把美食做到极致，这是餐饮人的一个梦想。而我的梦想就是做到铺天盖地，做大规模的企业，做大品牌。现在的"假想敌"是麦当劳，我就是觉得中国应该有中餐的大品牌。

李翔：海底捞和西贝在中餐里面本身就是大品牌吧？

贾国龙：海底捞算，西贝不算。海底捞有400亿元销售额，规模有了，西贝才五六十亿元，规模不够。

李翔：按照华杉的理论是你没好好做，你要好好做也可以。

贾国龙：不是。正餐不宜做大。火锅可以，因为火锅标准化程度高，好复制。莜面村那种正餐真不宜做大，它天生也做不大。火锅是中国的特殊品类，很多人聚餐都跑到火锅店。西餐的正餐也没有做大连锁，还是各有各的特色。顾客吃的是与众不同的感觉，花钱就是来吃跟别家店不一样的菜品和服务。但是快餐反而价位稳定，吃的是有预期的体验，当我不知道吃什么的时候，我去麦当劳肯定不会踩雷。

李翔：西贝其实也适用吧，比如说一个人去另外一个城市旅游，或者回家过年大家出去吃饭，基本还是会选海底捞和西贝这样在城市里面有预期的品牌。

贾国龙：相对适用。到了某一个地方，正餐属于"强龙压不过地头蛇",但是快餐属于"地头蛇绝对不如连锁品牌"。火锅是一个挺特殊的品类,它是有快餐属性的正餐。像我们这种正餐,一年要想更新几道菜很难,但是当地风味的正餐品牌,店开得不多,菜单变化可以更丰富,因为是自己天天上街买菜,市场上有什么食材变化,菜单上马上就能有更新。

李翔: 快餐比正餐难在什么地方?

贾国龙: 快餐比拼的是供应链和品牌的系统能力。正餐店开得少,不需要这种能力。正餐加价率高,换个菜加价就行。快餐不行,快餐哪敢加价?正餐能一下加10元钱,快餐得1元钱1元钱地加。你看肯德基、麦当劳调价,都是1元钱1元钱地去调。在新荣记,服务员介绍个菜,顾客就点了。去西贝多花二三十元顾客也没有那么敏感。但是快餐不行,顾客天天要吃,多花3元钱也觉得很贵。

李翔: 现在开一家酒酿空气馍的店,相对于开一家莜面村的店,对你而言更难吗?难点在什么地方?

贾国龙: 更难把生意做起来。正餐只要一家店可能就能挣钱,快餐可能得开到100家以上整体才能挣钱。因为快餐是一个系统,需要中央厨房配送到门店加工,完全是标准化生产。大部分正餐还得厨师在门店操作。

李翔：标准化不是你和西贝一直努力的目标吗？

贾国龙：我们是相对标准化，不是绝对标准化，不能绝对到都不要厨师了。为什么我们门店的师傅叫工匠师傅？因为他是需要有一定手艺的。快餐不需要手艺。正餐的标准化西贝已经做得很好了，但也不能像快餐那么绝对。快餐的绝对是随便找人按照标准来复制就可以。

李翔：如果从这个角度来考虑，过去7年探索小西贝的模式一直不成功，无论怎么试都不对，是因为当时产品切入的角度不对，还是因为当时还没有培育出系统能力？

贾国龙：都有。快餐真的是靠大系统能力。麦当劳是一点一点发展起来的，麦当劳开始的时候就是快餐模型，后来开很多店，慢慢地把系统能力建立了起来。中式快餐这些品牌——老乡鸡、大米先生，也是由小店发展起来的。喜家德开水饺店，开100家店以前都不挣钱，有了100家店才逐步有了利润。

李翔：喜家德开到第100家店可能需要10年时间，是吗？

贾国龙：得有10年。

李翔：但你一年之内就要开365家店。

贾国龙：我觉得是对系统能力的理解，现在用的是西贝35年开饭馆积累的能力，这个能力可以在快餐上释放。比如选址，一年选出 365 家好店来,没有强大的选址团队和对选址的理解,怎么可能呢?至于设计和建设,别说 365 家,对我们来说 3650 家都没问题,配套工厂就给我们干了。另外,培训人也没有多难。原来哪敢这么想啊?而最核心的就是产品的稳定性,开 1 家店和开 365 家店的产品都要稳定输出,这个我非常自信。系统能力是这么多年练出来的。

李翔:你们开始练的时候也没有预料到这种系统能力能够支持快餐吧?只是在做西贝的过程中一点一点培育出来的?

贾国龙:后来做着做着发现是共用的,菜品标准化的能力正餐可以用,快餐也可以用。快餐用得更极致,这和快餐产品少也有关系。

对标不等于照搬

李翔:在这 7 年不断地迭代和摸索的过程里,你自己的认识有比较大的变化吗?是什么?

贾国龙:对麦当劳的理解,真是交学费学出来的。错了就得反思,不反思能行吗?我同事给我打印了厚厚的一本麦当劳手册,被我扔在地上了,我说:"你拿回去,我不要。你是从麦当劳出来的人,麦当劳手册我们能抄吗?所有的标准都得我们自己建。"他说:"我让你看,不是让你少踩雷吗?麦当劳踩过的雷我们就不踩了。"我说:"胡扯,麦当劳踩过的雷我们都得踩,能做到踩过一次雷、不踩第二次就好。"

标准要自己建,这是要融到我们血液里的。麦当劳的标准最多在我们脑袋里,从现在开始把麦当劳手册扔了,所有标准要我们自己建,然后执行。

李翔:这两天我在看百胜中国前首席执行官苏敬轼写的东西。他说一开始百胜在内地开店的时候用的全是麦当劳的人,特别信任他们,让他们开店,结果怎么开都不行。他自己再去看就发现,可能大部分情况跟之前的麦当劳还是不一样的,也是需要重新制定标准、重新找方法论。

贾国龙:苏敬轼很厉害,他到中国来就开创了肯德基的中国模式,苏敬轼的战略是"立足中国、融入生活"。

李翔:他在中国把百胜从4家店开到了7000家店。你们7年前开始探索小西贝的时候,对标的应该不是麦当劳吧?当时还没有想到这点?

贾国龙:当时哪敢想对标麦当劳,学习都不知道学些什么,就有个做快餐的想法。对标麦当劳是什么时候来的呢?蚂蚁金服原总裁胡晓明开了一个课程,把我录取了。上课时出了一道题:你们企业业务的假想敌是谁?我带了6个高管一起去的,我那时候在构思中华小吃街。我就写:西贝下一步新业务的假想敌是麦当劳。我们

7个人里面有4个人写的是海底捞，2个人写的是麦当劳，还有个同事写的是：我们没有竞争对手，竞争对手就是我们自己。

李翔：这个说起来也很正确。（笑）

贾国龙：他也是这么认为的，竞争对手就是我们自己，我们要想怎么超越我们自己。我就说："为什么我们新业务的假想敌必须是麦当劳？因为麦当劳是全球餐饮第一品牌，它效率高、会做品牌、系统能力强、供应链能力强，我们做餐饮就得钉着麦当劳。"

定了麦当劳，就开始有意地琢磨麦当劳，看麦当劳的各种资料。我们开始做酒酿空气馒后，就更得对标麦当劳，要和麦当劳"约架"了。所以最近这几个月对麦当劳的理解好像深入了好几层。假想敌是这么来的，7年前哪敢把假想敌定成麦当劳啊。

根据反馈快速调整

李翔：在过去7年做了那么多的尝试，这里面有什么是你自己非常坚持的、一定不能变的东西吗？

贾国龙：我这几年为什么折腾，就是因为我们西贝的愿景。我们的愿景是2015年上半年确定的，我们也是2015年开始搞快餐。愿景就是"全球每一个城市、每一条街都开有西贝，一顿好饭，随时随地，因为西贝，人生喜悦"。我脑子里想的就是要开遍全球。什么模式能开遍全球？西贝能不能开遍全球？快餐可以做到，所以就杀到快餐赛道里面尝试了。

李翔：你们的使命、愿景、价值观是怎么出来的？

贾国龙：我们在 2015 年请了一个美国老头儿给我们上领导力的课程，我带着公司的高管，前后打磨了 5 年的时间，先有了使命、愿景、价值观，后来有了承诺、工匠精神。我们的蓝图基本是在教练的带领下，上了 5 年课，每年 12 天，一共用 60 天完成的，光培训费就交了 1600 万元。

李翔：最大的收获就是这个愿景？

贾国龙：就是西贝蓝图。因为是共创出来的，所以是有感情的。使命是"创造喜悦人生"，后来完善成"用美食创造喜悦人生"。愿景是"全球每一个城市、每一条街都开有西贝"。一开始是"顾客最爱用餐地，因为西贝人生喜悦"这句话，后来把"最爱用餐地"改成"一顿好饭，随时随地"，不一定是餐厅，我们可以做零售，可以送到家。还有价值观，我们反复地修改，每一条又进行补充和完善。这个东西完全是融入我血液里的。

李翔：当时中餐应该是没有全球化企业的吧？你设定这个愿景的时候就没有，到现在应该也没有？

贾国龙：我觉得如果有，鼎泰丰算是一个。鼎泰丰在美国、日本、加拿大等都有店。鼎泰丰算中餐里相对有国际化属性的品牌。

李翔：你的愿景里面全球化的属性是怎么来的？大部分做餐饮的公司更多还是立足本土化？

贾国龙：出国次数多了以后，我发现麦当劳遍布全球，但没有中餐馆做到这点。之前有人问我，从内蒙古出来，为什么不开矿？为什么不做房地产？那时候我就有一个想法，全世界还有比70亿张嘴更大的矿吗？中餐就应该开遍全球，中国餐饮就应该服务全人类。这个梦想就是这么自然而然来的。出国走一圈之后，觉得海外的中餐太差了，而且还没有进步，10年前就这么差，10年后还这么差。

李翔：你提到"五小"——小吃、小喝、小贵、小店、小老板，这"五小"也是没有变化的吗？

贾国龙：小吃、小喝、小贵、小店、小老板，现在好像又回到这"五小"了。当初有那个想法一定是因为良知良能，一念之间的想法。念是对的，但后来老是被这个世界教育、打击，有段时间开始怀疑自己：到底行不行啊！

李翔：怀疑自己怎么办呢？

贾国龙：怀疑也是一念之间，还得干啊。第一，我还没有怀疑到绝望。第二，身体还行，精力还旺盛。人被打击也就是一念，睡一晚上起来满血复活，各种想法又来了。

西贝发展蓝图

最终意图：创造喜悦人生

未来宣谁：

我们是谁

我们是一个建造非凡西贝的团队，喜悦地实现我们共同创造的、一致的意图，我们创造奇迹！

我们挑战不可能，勇敢地战胜我们所有的不真实，集体奋斗，创造我们开放包容的工作环境。

我们看见

西贝logo在全球每一个城市闪耀，客人们充满期待地进来，心满意足地离开。

人们披全新的可能性的世界所鼓舞，全球顶级的美食艺术家、研发大厨、食品科学家、营养专家汇聚于西贝研发平台，在科技创新的驱动下，创造美食。

我们的顾客来自五湖四海，有着不同的肤色、信仰和文化。

30年后，全球亿万西贝人喜悦备斗，实现梦想。

我们意图：

我们立足

我们立足西贝最终意图及未来的化身，而且每个人都能说"我热爱我的人生"。

我们立足做充满爱的西贝企业，建立支持每个人充分发展的平台，让每个人都实现人生梦想。

我们立足简单有效的故事原则：化繁为简即高手，实用好用即专业。

我们做的每一件事都践行工匠精神：创新・热爱・坚持・专注・精准

我们立足弘扬我们的好汉精神：把爱传出去！把利分下去！不争第一，我们干什么！

我们承诺

平等信任地对待每一关系，创立合作共赢的商业世界。

坚守实心诚意的"西贝之道"，为全人类创造价值。

心怀人生召唤，与最终意图一致，荣耀核心价值观。

实现未来宣言，一切服务顾客。因为西贝，人生喜悦！

核心价值观：

我的西贝：共创、共担、共享、共富
集体奋斗：

1. 我是一切事情的起因，我选择这样看待 我的西贝我负责。
2. 坚守实心诚意的西贝待客之道，全力以赴为顾客创造价值，并超越竞争对手创造此价值。
3. 帮助每一位伙伴专业、长本事，以集体奋斗的方式为顾客创造价值。
4. 有效激励每一位为顾客创造价值的伙伴，激励必须公正、公平、公开。
5. 我给予我的伙伴以最高的尊重，我就是我说的话，我完全值得信赖。

我们的行动领域：   企业・团队・顾客・合作者・产品

图2-1 西贝发展蓝图

2024年4月15日第28次修订于美国洛杉矶

第二次访谈

李翔：真的是迭代了很多次，比如很早做过麦香村，起这个名字就有点儿对标麦当劳的意思吧？

贾国龙：麦香村是我们呼和浩特的老字号品牌，1949年前的3个名店之一，创始人也姓贾。我觉得这个名字挺好，一查商标，在一个台湾人手上。我就通过各种方式买了过来。买了之后放在那儿好些年，后来要做快餐，从商标里面搜，搜到麦香村。

"贾国龙"这个商标也是这么搜出来的。我前面说过，我给谢伟山打电话，他也支持。他不主张用西贝，认为新业务一定要用新品牌。要是问华杉的话，华杉就会说不管做什么新业务，只要是做餐饮、做食品，一定要用西贝，用新品牌教育顾客的成本多高啊。他们不是一派。

李翔：哪个对？

贾国龙：没有对错，就看选择哪个。

李翔：麦香村的探索为什么就不行呢？

贾国龙：麦香村当时做大块羊肉面。

李翔：是产品的切入点不行？

贾国龙：光说产品不行也不对，光说模式不行也不对，是产品加模式的问题。所以现在的产品出来之后我在内部讲，我们要有产品自信、模式自信、能力自信和文化自信。酒酿空气馍是产品自信；学习麦当劳模式是模式自信；在能力自信方面，我们西贝在餐饮行业还是能吹这个牛的；然后就是文化自信，我们这群人就想做一个大的中餐连锁品牌。

  李翔：油泼面、羊肉面，这类产品本身是不适合做大规模连锁快餐的吗？
  贾国龙：我现在认为米饭炒菜也不适合，面条也不适合。这些产品效率太低，等待时间太长，交付产品太慢，还不适合单手拿，也不适合外带和外卖。

  李翔：你的超级肉夹馍是可以单手拿的吧？
  贾国龙：对，可以单手拿。超级肉夹馍靠点儿谱，但是当时整个的系统能力还不够，而且过于饱腹了。

  李翔：酸奶屋不行就是因为它更像是饮品店？
  贾国龙：酸奶屋带有休闲属性，结果做出来之后把我们直接归入饮品类，我们在那个区域里面排第一。

  李翔：中华小吃街还没有进入实体开店阶段，就被你否定了。
  贾国龙：中华小吃街还在想象中。

  李翔：之前的尝试，包括麦香村、肉夹馍、酸奶屋，都进入市场验证了，后来快速地调整和放弃，这是怎么判断的？如果我们从外部视角去想，也有可能是因为它的时间不够久，没有把这个模式打透，当然也有可能是因为它的产品和模式确实不适合。

贾国龙：我觉得只能靠自己的直觉和算法，开饭馆开了30多年了，行不行我一开始就有一个判断。开之前是想象，只要这个店一开，我基本就对"要不要继续往前推"有判断了。

莜面村也是推出来的，反馈好就继续开，反馈不好就不能硬开了。反馈是顾客和生意的反馈，顾客有口碑的反馈，生意的反馈是最现实的，就是每天卖多少钱，挣不挣钱，非常现实。开饭馆最大的特点是试验成本不高，我开10家店，1家店投300万元，10家店投3000万元，一般不会超过这个数。我们莜面村一家店投300万元。

李翔：莜面村投入300万元，空气馍这样的一家快餐店也要100万元？

贾国龙：差不多1平方米1万元。莜面村1平方米1万元，空气馍也是1平方米1万元。

敢于从负60分起步

李翔：我记得上次我们见面的时候，你说美食市集开幕，胡晓明他们都会过来。

贾国龙：对，他们是我们的教练，就是要让他们看到问题，然后教我。我不管见什么人都可以把最丑的一面亮出来，这是我的自信。摆到桌子上，看看到底有多丑，我们改嘛。所以我做任何事情敢于从负60分起步。人家说负60分起步哪好意思啊！为什么不好意思？负60分的下一步就是0分，再下一步就是正6分，第三次就到正60分，第四次就到80分。

李翔：莜面村经历过这个过程吗？

贾国龙：差不多。西贝这么多年，折腾什么事，永远不会等我准备好了再做。我无所谓，我就亮出来给大家看看，我属于被人骂、被人批评后就来动力的那种人。被人否定了之后，我的动力更大，比表扬我的动力还大。

李翔：你们过去7年不断折腾，不断找新模式，这个过程里面你们会有一些始终要遵循的原则吗？

贾国龙：我们的底线原则一直坚持得非常好。首先要往好里做，西贝核心价值观的第二条就是实心诚意的待客之道。用好的原料做出好东西，这是原则。对员工也是实心诚意，这些人是跟着我一起干的。总之还是为人最基础的东西——良知良能。

李翔：对你们的负面评价多吗？

贾国龙：各种奇奇怪怪的负面评价，有时候我们觉得特委屈、特冤枉，别人说的也不是真的。

第二曲线是世界级难题

李翔：你们考虑过干脆通过收购的方式完成从0到1的过程吗？

贾国龙：考虑过，深圳有一个快餐品牌叫小女当家，做炒菜快餐。

李翔：但是现在就不符合你对快餐的认知了？

贾国龙：对，收完之后我们做了66道经典中国菜。一上手，往市场上一推就知道了，这个模式不厉害。我们的肉夹馍模式，在上海的店一直挣钱，但问题不是挣不挣钱，而是我们觉得这个事不厉害，因为不是能大量复制的店。

我的第二曲线和第一曲线不一样，第一曲线是生存，活下来就行，第二曲线是大量复制，如果不是能够大量复制的模型，就放弃。肉夹馍我们觉得别人做行，但西贝做就不行，因为不是能大量复制的模型。到了现在这个酒酿空气馍的模式，我越来越确定它可以大量复制。它是中餐，但是它是西餐的汉堡模式，采用的是麦当劳的交付模式和供应链模式，整个后台模式和麦当劳是完全一样的。

李翔：百胜中国不也做过中式快餐吗？

贾国龙：东方既白。

李翔：对。你们讨论过吗，为什么连百胜中国也做不起来中式快餐？

贾国龙：太难了，百胜中国就能做出来吗？

李翔：因为它有做快餐成功的经验啊，它做肯德基、必胜客都不错啊。

贾国龙：肯德基、必胜客也不是它创造的。百胜来了中国也是为中国而改变。任何公司发展出第二曲线都非常难，这是世界级难题。

李翔：你吃过东方既白吗？

贾国龙：吃过，还不止一次。

李翔：所以即使是麦当劳、肯德基，也不一定能够把中式快餐做起来。

贾国龙：不是不一定，是已经失败了。

苏敬轼的营销能力很强，他是从宝洁出来的，调动组织的能力也够。苏敬轼抓住了中国早期快餐荒漠的机遇，肯德基带着美国文化的强势，总部又信任他、给他钱。我佩服他进入中国时就抓住了那波快速扩张期。相比之下，麦当劳比较谨慎，所以肯德基走到了麦当劳前面。

李翔：百胜中国毕竟还带有快餐公司的基因，如果连他们做中式快餐都做不起来，西贝能做起来的理由是什么？

贾国龙：我觉得没有可比性。百胜中国自己的主业很强，因此可能在创新业务上投入不够。肯德基那么强，东方既白会投入多少钱？投入多少人？投入多少创始人的精力？它只是捎带着想做出一个中式快餐品牌，那怎么可能呢？我作为西贝的创始人，全力以赴、全情投入干了7年，花了5个亿。要投入精力进去，形成知识和经验的积累，这才是有价值的。

一切结果的源头都是管理能力

李翔：做大型的快餐连锁，最后是组织能力更重要，还是供应链能力更重要，或者是产品能力更重要？

贾国龙：产品能力来自组织的研发能力，供应链能力来自组织对供应链管理的能力。当年有一次在大会上碰到苏敬轼，我还请教过他。

李翔：哪一年？

贾国龙：应该有10年了，在厦门。前一天晚上我说："苏总，我想请教你一点儿问题。"他说："好啊，明天咱们一块儿吃早餐。"第二天早上吃早餐，8点在餐厅坐下，我本来想请教他，但是他压着不让我说话，不停地问我问题。我是中午的飞机，最后我说："我一会儿就要赶飞机去了，能不能请教你一个问题。"他说："好啊，问吧。"

我说："我们现在有80家店，接下来要建总部，管理有点儿吃力，但我还是想发展，想请教苏总在这个过程中怎么能把店管得更多?"他说:"挑战你的当然是管理能力。"我当时觉得他好像在应付我,这不是等于没说吗?

苏敬轼说了几句,车到了,我就该走了。好长时间我都觉得这个人不跟我说实话。到后来店多了,想到他说管80家店和管800家店不是一个管法,挑战就是管理能力,我才慢慢理解了。到他那个位置只能这么回答我,他不会具体支招,只能说挑战的是组织的管理能力。

我现在认为老苏跟我说的是肺腑之言。如果现在一个开小店的餐饮人,可能有10家店、8家店,他问我:"贾总,将来我想做到100家店、1000家店,应该从哪方面学习?"我的回答也是管理能力的持续精进。一切结果的源头都是管理能力,个人的能力最终也都要转化为组织能力。作为首席执行官,组织的能力和个人的能力是直接相关的,个人能控制住多大的组织,取决于能否通过不断的学习提升自己的管理能力。

不管是研发能力、供应链能力,还是品牌能力,最终都是组织能力的变现,有了这个意识之后创始人就会去培养组织能力。培养组织能力的方法有两个:第一靠学习,第二靠人才。

西贝刚来北京的时候以自己培养人为主,后来我们从外部大量地引进人才。培养和引进一定是结合的,只靠自己培养不够,只靠引进也不行,内部人还得往上成长。要想有未来,一定是组织里面有源源不断的优秀年轻人补充进来,而且得让年轻人成长、干事,锻炼他的能力。这是我们的文化自信。西贝一直推崇包容,外部来的人能待得住，还能发挥自己的价值，同时内部的人还能成长。

李翔：这种文化自信，以及对组织能力的自信，是在什么时候开始产生的？我从外部看，2017年、2018年左右，是西贝在市场上呼声最高的时候，包括贾林男那时候出的书《西贝的服务员为什么总爱笑》，也是在讲文化和组织的。

贾国龙：我觉得每个阶段我们都是自信的。我还是能基本清楚我是一个什么人，我想干什么事，西贝在行业中处在什么地位，市场的环境是什么，给我们什么机会。我自己觉得我一直还是比较清醒的，不太极端，也不会盲目自信或者盲目悲观，基本还是实事求是。

李翔：像苏敬轼讲的管理能力，你能明显感觉到自己的管理能力在不断地提升吗？会有这种感觉吗？

贾国龙：新模式——包括快餐和零售——打不上去的时候，我就知道自己的能力和组织的能力真的还没有到那个量级。把零售交给姜总，姜总一上手就比我干得好。我前两年在零售端也是打得筋疲力尽，没干好，但是回到开饭馆上，我的自信就又找回来了。这我还是擅长的，虽然正餐和快餐不同，但毕竟都是开饭馆。

李翔：今天回头看苏敬轼当年说的那句话，80家店和800家店完全是两回事。

贾国龙：他说，80家店和800家店完全是不一样的管法，挑战的是你对组织的管理能力。

李翔：对你而言确实是不一样的管法吗？

贾国龙：是的，小组织和大组织完全不一样。

李翔：怎么个不一样法？我看过的报道，以及我看贾林男的书里，我感觉之前你也是不怎么管的，属于很放手的类型？

贾国龙：那时候的模式主要就是莜面村。当年真可以放手，我都不去店里。零几年的时候，总经理愿意辛苦，他的理想就是让老板少操心。他是发自内心地这么说："我给老板打工，老板待我不薄，我就让老板少操心。"但是现在我们的人，谁要说让老板少操心，我会说："你操你的心，我操我的心，你当经理的目的不是让老板少操心。"现在的放手是明明白白地放权，但有些事情我还要把控着。现在的经理人这么想肯定不对，不能说自己是给老板打工的，把挣的钱交给老板就行，把老板当成就是数钱的。我们现在真的是一件事有不同的分工。现在我们有使命、愿景、价值观，当年没有。使命、愿景、价值观在组织大的时候真管用，组织小的时候自己都不信。

李翔：他讲80家店的管理方法和800家店的管理方法不一样，最简单的理解是，80家店的时候老板还是有可能做到每家店都去管一下，开到 800 家店就做不到这点了。

贾国龙：可能吧。我自己有感受，大组织和小组织的管法真不一样。小组织都能看得见，靠信任就行，大组织不是，大组织不能只靠信任。

李翔：靠规则？还是靠什么？

贾国龙：大组织一定要越来越规矩。规矩就是规矩。我们接下来业务的考核指标会更明确，目标就是目标，结果就是结果，人员该替换就得替换，该退休也得退休。

李翔：你上次讲张勇跟你分享海底捞的核心能力是他们会严格地实行优胜劣汰，你们的考核会有点儿类似吗？

贾国龙：海底捞敢淘汰人，而且海底捞也很少从外面引进人才。我觉得海底捞的制度就适合海底捞，不适合别的企业，但是麦当劳的管理模式是许多企业都可以学的。麦当劳是"铁打的营盘，流水的官"。一个人退了，接手的人干的活也不差。我一定要把西贝打造成一个贾国龙干也行、不干也行的公司，这是我的追求。创业阶段，没有创始人不行。创业是从无到有，但创始人创造完了，这个企业按规矩才会运行久远。

李翔：你们研究做到万店以上的连锁品牌吗？比如正新鸡排、蜜雪冰城、华莱士、绝味鸭脖。

贾国龙：也研究。

李翔：有收获吗？

贾国龙：收获肯定有，但跟我们不是一回事，人家是人家的模式，就是低成本扩张的供应链模式。

李翔：你不想干这样的事？

贾国龙：我们干不了。

李翔：不想干还是干不了？

贾国龙：不想干，也干不了。它们把成本打到了极低，最便宜的原料，最便宜的人，最便宜的房子，最便宜的设备，在中国有存在的土壤。

李翔：但是也有一种声音认为，你要下沉到那种程度，可能就必须得那样做。

贾国龙：是不同的生态位。生意是分层、分类的，底层一定有人做，因为它有需求。我有一次做按摩，我问按摩的小伙子一个月收入多少。他说好的时候1万元钱。我说："你吃麦当劳吗？"他回答不吃，因为太贵。我说："你吃什么？"他回答说："正新鸡排，正新鸡排20元钱可以买那么大一个鸡排，我就吃饱了，麦当劳只有它的一半。"原来一个小伙子挣1万元钱都说麦当劳太贵。

李翔：所以他也不会变成你们的用户，是吗？

贾国龙：不会。

李翔：这样的话，即使是空气馍这个项目，也不会做得那么下沉，门店数量也不会那么多，是吗？

贾国龙：这个不要着急，中国人的收入会增加。麦当劳在中国有四五千家店，肯德基有八九千家店，就是先从一线城市开始做。而且我还有一个不服气的事情——我就要和国外品牌面对面地去争一下市场，争争看。洋快餐在中国好像谁都拉不下去，新冠疫情3年如此困难，麦当劳、肯德基都还挣钱，而且还扩张，开店开得不少。但中餐品牌就不行，我知道一家中餐连锁拟上市企业撤表，就是因为这3年报表太难看。

李翔：用户确实对它们的接受程度高一点儿，品牌的势能也强一些。

贾国龙：对，西贝现在好像还有点儿资格和实力。如果在全球打不过洋快餐，那我就先在中国做；如果在全中国打不过，我就先在北京做；如果在北京也打不过，我就先一个一个店来，用10个、20个店打打看。一打就知道是怎么回事了。

李翔：其实海底捞也做过快餐品牌——冒菜。

贾国龙：投入精力不够。

李翔：不是创始人自己做？

贾国龙：创始人不干，拨点儿钱，谁有兴趣谁去干，我不相信能干成。就像苏敬轼当年做东方既白一样，投入的资源不够。资源包括钱，也包括创始人的精力，还有人才。

要做一家伟大的公司

李翔：新冠疫情这3年里有没有一些规则或者管理方法上的调整，而你认为它是可以延续的？

贾国龙：有。对我非常大的改变是：我越来越觉得自己是个生意人了。之前我是不纯粹的生意人，生意之外的事想得太多。

李翔：展开讲讲？

贾国龙：我们之前说不上市的时候叫利润费用化，利润别体现在报表上，要当费用花掉。后来准备上市了，又说不行，要费用利润化。话是这么说，但是还没有全面转过来。疫情之后，尤其开完年会之后，现在方方面面想的都是要把费用利润化，不该花的钱坚决不花，一定要产生效益，一定要算账。

以前算账就是一个模糊概念，现在算账是一个精细概念。比如我们每年"214亲嘴节"都是打6.6折，今年改7.7折，7.7折和6.6折有什么区别？没什么区别。客人去吃饭，也没准备打折，对他们来说，打6.6折、7.7折都一样，而且7.7折还比6.6折好听。但是算下来，如果一天营业额1500万元，1500万元的10%就是150万元。

李翔：大家会不会觉得老板更抠门了？

贾国龙：他们只能说老板原来太大方，现在开始算账了。对客人而言，6.6折和7.7折真没有区别。这就是一个西贝创造的节日，顾客带着孩子来吃饭，让孩子亲一口就给打折，就是这样的娱乐活动。

李翔：但是你之前的慷慨和大方还是帮你拉了很多好感吧？

贾国龙：不一定。人记得你的坏，不一定记得你的好。你一点坏他记得，而且会放大，你对他多么好他都觉得是应该的。就是你多好都可以，但真的不能有坏。好要好到海底捞那么极致和夸张，创造出一种独特的服务。但这背后是有成本的，要把那个劲儿拿捏得刚刚好。

算账是方方面面的。我们现在就是理直气壮地去挣钱。今年过年不但没发奖金，高管还扣了一部分年终奖。那我得有理由解释啊，要能给大家解释通。

李翔：不会造成一些人才的流失吗？

贾国龙：个别会有，人力资源部门说这事的时候，解释通的就接受，解释不通的就选择离职走人。

李翔：会不会有人说西贝变了？

贾国龙：肯定有人会说，说什么的都有，但是我们凭良知良能做事，心里一点儿都没有亏欠的感觉。而且在新冠疫情期间做了贡献、做出牺牲的人我们都记得，等我们好的时候再报答人家。最怕的是冷漠和无所谓，公司是这样，夫妻关系、父母关系也是这样，该感谢就感谢，该付出就付出。如果你永远什么都不说，肯定不是个好领导者。

李翔：你说之前没有那么像生意人，会考虑很多生意之外的事情，原因是什么？

贾国龙：价值观。过去追求的就是自己舒适，我吃好喝好，跟我的人吃好喝好就行了。我们现在是要做一家伟大的公司。中国式现代化，中美各行各业竞争，高科技芯片、大飞机跟我关系不大，但是餐饮跟我有关。中国难道就出不来一个和麦当劳平起平坐，甚至将来超过麦当劳的公司吗？有出来的可能性，我们就努力一把。麦当劳和可口可乐是美国文化的输出，中国文化的输出也许就是从美食破局的。这是我的一个理想，想到这些之后，我对个人生活就没那么多追求了。

李翔：2020年之前就不想做一家伟大的公司吗？

贾国龙：也想，但是没那么强烈，顺其自然。现在是非常强烈，强度不一样了。

李翔：反而是3年的新冠疫情把这个强度给加强了？

贾国龙：对，加强是因为我觉得有可能性。当模式牛的时候，是看得到的。过去差距太大的时候，也许我们的下一代人可以做到。现在突然发现自己就是跑到最前面的那个学生，有可能自己带着这个团队就顶上去了，使命感就有了。

李翔：这种使命感是普通的一线员工，比如服务员也能感受到的吗？

贾国龙：不一定，现在是一点点影响。首先影响核心干部，慢慢再到员工。我们今年在北京跟麦当劳"打"起来，门对门、门挨门，先做到局部超越麦当劳，最后北京市场超越麦当劳，那大家会立马想全国也没问题。要让人先看到，半年之后会有一批人看到了然后相信，一年之后更是。

李翔：你是因为相信，所以看见。

贾国龙：对，我现在能看到我脑子里面想象的那个画面。

遇到危机时要有良知良能

李翔：新冠疫情3年期间离开西贝的人多吗？被动也好，主动也好。

贾国龙：非常少。

李翔：但是你们整个公司的人数是在减少的？

贾国龙：门店没有那么高的营业额，基层员工是根据营收和客流来配的。现在员工不到2万人，2019年是2.2万人。

李翔：在对他们的考核上有变化吗？

贾国龙：基本不考核了，考核啥呢？新冠疫情3年期间大家就是靠良知良能，尽力而为。你要考核是不是尽力而为、全力以赴，这就变成考核行为，不是考核结果了。2022年连预算都没法做，这个月计划不了下个月的事，今天计划不了明天的事，因为很可能第二天就突然宣布商场停业，一下子就停了，不打任何招呼，我们也觉得很无奈。

李翔：这3年有给你的团队管理带来什么改变吗？

贾国龙：总部能力大大加强，门店没什么改变。

李翔：这3年没有对之前的文化、组织能力产生很大的冲击吗？

贾国龙：这个没有，西贝的文化一直比较实，没什么虚的东西。你看西贝人不太会表达，但是在关键场合还都说得挺好。总部能力是明显地在增加，我本人也是。如果我本人有段位，这3年至少升两段。

李翔：升这两段的表现是什么？

贾国龙：我对生意的理解，我对战略的理解，一下子就开了窍。

尤其是 2021 年下半年，很多东西一下子就开了窍，我的追求就变了。原来在呼和浩特的时候我还想给员工建一个别墅区，现在彻底放下了，把那些事情从脑子里面彻底删除，好好挣钱，让市值上去，有了期股的激励，人家想买啥买啥，想去哪儿去哪儿。不做安排，我坚决不会统一安排什么了。

李翔：之前更像家长，是吗？

贾国龙：是。

李翔：这种要照顾所有人的心，是怎么放下的？

贾国龙：我现在也想着照顾，但照顾的方法不一样，现在就是把公司做好，把市值做上去，大家都有份额，每个人的财富都不少。我跟大家说："我只是给你机会，我没给你钱，期权只是机会，未来市值要靠我们自己共创。千万别感谢老板，我没给你好处，我给你的是责任和压力，同时也给你动力。"把这个说明白，别以为老板会直接给你钱。

李翔：这种开窍是受了什么刺激吗？

贾国龙：是一点一点的、渐进式的，不是受某一个重创。业务模式牛了之后，人的想象空间会放大。当牛的业务出来之前，我自己还不笃定，当我不笃定的时候，人家会觉得我说的是假的。我特笃定的时候，一描述，大家就信。

李翔：你跟很多人不一样，你是在 2022 年那么不确定的情况下变得笃定的。

贾国龙：就很奇怪，而且就在 2022 年最后几个月。这几个月我们很有危机意识，我们开会说这是黑暗的三四个月，这三四个月可能员工阳了，上不了班，顾客阳了，吃不了饭。我们还要想各种办法筹备现金。我跟朋友都打好招呼了，结果发现我们不需要。我们账上有 8 个亿的现金。

李翔：主要是预期是好的。

贾国龙：对，账上有钱，干部队伍状态好，业务好，产品好，就开干了。但是别蛮干，别冒进，稳字当头，稳中求进，稳扎稳打，先慢后快。新荣记的张勇还提醒我，他说："贾司令，你能不能慢一点儿，一年要开 300 多家店，我听了都害怕。"我说："我也不准备快，我慢慢来，我没那么傻。"其实我不是冒进的人，我骨子里面是个保守的人。

李翔：平均下来一天一个店也不算冒进？

贾国龙：因为从投资总量上看，平均一个店 100 万元，365 家店 3.65 亿元。开店 3 个多亿，工厂建设再有 1.5 亿元就收口了，加起来才 5 亿多元。2023 年营收肯定在 60 亿元以上，接近 70 亿元。

李翔：你给同事发期权，包括公司的股改，也是在新冠疫情期间完成的吗？

贾国龙：疫情期间只完成了一轮，我们2023年年会上放了2个亿的期股，还有8个亿要在7月1日之前放完，靠未来的贡献承诺换期股。

李翔：这算是分不了红的一种补偿，或者说激励方式吗？

贾国龙：不是补偿，是另外一种激励。一分不发完全说得过去，今年没挣钱，工资领了，没奖金当然可以。

李翔：你之前坚决不上市，后面给大家发期权，包括对融资的口径也在变化，公司高管的反应是什么？

贾国龙：以我对他们的了解，公司对我朝令夕改的方式已经习惯了。之前有人采访我们莜面村事业部的首席执行官董俊义，他说："对老板是99%的喜欢，1%的不喜欢，不喜欢的就是老板变化太快。"

李翔：变化太快说明老板进步了。（笑）

贾国龙：我自己认为我是在进步，我能感觉到我的进步。

李翔：你在团队的管理上面遇到过特别困难的时候，或者觉得特别焦虑的时候吗？

贾国龙：在管人上面，我30多年没有和一个高管撕破过脸。

再不好，再吵架，最后一定会有正常的关系。能做朋友做朋友，不能做朋友，相忘于江湖，绝对不会结怨树敌。

李翔：即使你沟通方式这么简单粗暴也不会？

贾国龙：因为在相处的过程中他们知道：贾国龙就是这样一个真心实意的人。你说伤不伤人？有时候真的伤，伤到离开的也有。但是事后该给人疗伤也得疗伤，该给人补偿也得补偿，该认错也得认错。

李翔：这3年，商业模式和战略上的开窍，以及你对资本态度的变化，你会跟你的朋友和顾问们交流吗？

贾国龙：少。但是有传到我耳朵里面的。比如在新加坡宋向前[1]遇到华杉时说："贾国龙那么好的业务能力，不好好开西贝，瞎折腾。"华杉说："幸亏有个好老婆，不管他做多错的事，都容忍他，我跟老贾说了，怎么也得给老婆孩子留下点儿钱，别最后破了产。"

这事传到我这儿，我说挺好，爱怎么说就怎么说。我估计也就是某种场合下的话题，但也让我知道他们都关心我。我这么多年在朋友中的口碑上是非常自信的，不管哪一级朋友圈，都认为老贾是好人、实在、没毛病，就是有点儿瞎折腾。

---

[1] 加华资本创始合伙人，主要投资领域是消费和服务行业。

中餐的现代化

李翔：你之前讲过一句话，一个伟大的企业至少要为行业做一次贡献，如果西贝未来要成为一个伟大的企业，它对行业做的贡献会是什么？

贾国龙：我觉得就是让中餐的现代化和国际化变成现实。麦当劳就是现代化的餐饮企业。整个现代化的系统是面向未来的，不断提高效率，用高效率的方式来造福社会。麦当劳真的是掌握了现代化的能力，我们的现代化能力远远不够。现代化其实就是工业文明、信息文明在企业里面的体现。我们要把这套东西学到、用到、用好。

李翔：有人认为麦当劳代表的快餐化的方式，可能不是未来。

贾国龙：它一定是代表未来的基础供应。未来会分化，有的品牌追求极致风味，有的品牌追求大规模复制，是分层分类的。顶天立地中国会有很多品牌做，但铺天盖地的能力一定要学习麦当劳。

李翔：中餐的现代化要具备的能力，你认为现在的西贝做到了多少分？

贾国龙：现在60分，刚及格吧。

李翔：在中餐里面已经是优等生了吗？

贾国龙：如果和行业同向比较，在中餐里面肯定是优等生。我对行业算是比较了解的，我会经常参加行业会议，经常互访。海底捞的模式太好了，火锅模式明显要优于我们的中餐模式。

李翔：火锅你也可以做，只是你不愿意而已。

贾国龙：不是不愿意，是开始就没选择这个赛道。海底捞从1994年到现在，已经经历了28年，它是从那个时候就开始积累能力了。现在再进入火锅赛道没意思，海底捞、巴奴已经做得那么好了。现在的快餐和正餐赛道连接得更紧密，快餐是一个真正需要中餐企业去破局的赛道。

李翔：但是我相信以西贝的组织能力进火锅这个赛道……

贾国龙：不会差。

李翔：只不过是你自己不做这个选择而已。

贾国龙：我们内蒙古过去就有小肥羊，做得很好。我们过去没选择，现在也不选择。

李翔：主要是拧巴吧，你的朋友是不是也会这么看？

贾国龙：从赚钱求利的角度我可以那么干，但它不是我的理想。

李翔：按照你的观察，这个圈子里面还有谁会有这种中餐现代化的意识？

贾国龙：肯定都有，只是强不强的问题。大家都认为现代化是一个方向，都在抓管理，都在建系统，都在数字化。虽然方向不一样，但是都在这条路上。

用游戏心态开公司

李翔：你现在还有什么比较焦虑的问题吗？

贾国龙：我之前说过，我的词典里面没有"焦虑"这个词，真没有焦虑。

李翔：从来没有焦虑过？

贾国龙：几乎没有。

李翔：新冠疫情期间，现金流这个问题也不会让你焦虑？

贾国龙：可能高考时有过焦虑。"纠结"这个词在我的词典里面也没有。但是我会后悔，会痛苦，会悲伤，也会有恐惧和害怕。

李翔：公司层面的？

贾国龙：方方面面的，包括身体上的、家庭里的。焦虑是持续存在的，但恐惧是啪一下就结束了，没有持续恐惧。

李翔：比尔·盖茨之前说："微软离破产只有18个月。"这就是一种恐惧。

贾国龙：话是那么说，你以为他真的恐惧吗？越是有恃无恐，越要说反话。

李翔：或者这么说，你感觉现在西贝，包括你自己可能会有的瓶颈是什么？有解决办法吗？

贾国龙：我的能力就是我的瓶颈，包括认知能力、行为能力和领导能力。也许练着练着慢慢又能往大撑一点儿。有的东西是天分，我也够努力，但是我的能力局限把我锁住了，我认就行了。

我仰慕任正非，但是我不会羡慕任正非，因为我成不了任正非。我的基因、生活背景局限了我，我认就行了，为什么要羡慕呢？羡慕有时候会导致焦虑和不平衡。所以我永远平衡，我说我就是游戏心态，我已经尽力了，挺好。

李翔：但是你要做伟大的公司，不得拼命去获取这些能力吗？

贾国龙：不影响。我有做成伟大公司的可能性，我会追求伟大公司，而且不是我一个人，是这一群人追求。只要我们持续地聚焦，做着做着就真的做成了。你看麦当劳的创始人也是个普通人，没觉得他的能力比别人厉害多少。那是历史任务，他做出了麦当劳。

任正非的能量这么大，我不可能有他这么大的能量。但是他比我大差不多20岁，等我到他那个年纪的时候，当我的事业更大、资源调动更多的时候，也许我的能量也会变大。但那是顺其自然的，现在想它没用。回到20年前我刚来北京的时候，也不会想到我能跟那么多名人一起吃饭、学习、开会。坚持做一件事，慢慢就上来了，反之，可能当时你很仰慕的人，慢慢就下去了。它是一个很自然的过程，我尽力了，全力以赴，这个游戏一直在我自己手上玩，我就享受这个过程。

李翔： 餐饮圈里面有这种能量特别大的人吗，星巴克创始人霍华德·舒尔茨算吗？

贾国龙： 肯定算啊，星巴克的创业过程多难啊。麦当劳的创始人也很厉害，他在那个时代把握住了机会，做出来了这件事，后续的人接着做，一代接一代，现在就到这么大了。

第三次访谈

访谈时间

2023 年 8 月 25 日~28 日

地点：鄂尔多斯西贝铁军沙漠基地。

我们在西贝位于库布齐沙漠中的培训基地交谈，参与谈话的还有贾国龙的太太张丽平，以及西贝高级副总裁贾林男。

当时贾国龙空气馍已经更名为贾国龙中国堡，在北京开了50家左右的店。

简单中餐反而对管理要求更高

李翔：你应该干了不少形态的餐饮吧，基本上都干过了？

贾国龙：各种形态。在餐饮这个行业这么多年，我的经验教训足够。

李翔：除了快餐没做，其他都做过了？

贾国龙：快餐的经验教训也够了。做了快餐，反而是逼着自己学习管理大企业。

李翔：之前管理西贝2万多人不是管大企业？

贾国龙：我觉得不太算。它是复杂中餐，复杂中餐的发展不快。中式快餐属于简单中餐，但简单反而对管理的要求更高，对系统能力的要求也更高。我自己不干的时候不清楚，以为快餐很简单，其实要求更高。我们干正餐，就是一个原则：往好做，跟客人要价。成本上去了，价格往高要一点儿不就行了？涨10元钱、涨30元钱，只要有一部分顾客来捧场就够了。快餐不是，快餐做的是刚需、大众市场，涨1元钱都会影响顾客的决策，就看你能不能把这1元钱省下来。你要能省下来，别人卖20元不挣钱，你卖20元能挣1元钱，利润就是5%，好多餐饮企业的利润还没有5%。快餐是这样的游戏。

我原来一直委托团队做快餐，这次做快餐我被拽进去了，我现在一回北京，肯定在快餐门店，钻到厨房里一待两三个小时。这时候突然发现自己开了35年饭馆，原来对整个链条的理解全是粗放式的。我在呼和浩特投资的高端羊肉火锅杏林山房，就能委托给团队，他们很能干，干去吧，没问题，只要大方向对就能挣钱。但快餐不行，快餐不是单店模型，它是多店模型。

李翔：是不是有可能中餐真的就不适合做快餐？

贾国龙：我不下这个结论。它需要新知识，而我们有惯性。德鲁克讲："为什么老人做新业务很难成功？关键还是把过去的思维方式和工作习惯用在新业务上了。"其实有的东西是不能复用的，不但不起作用，还有副作用。我是吃了亏才意识到，我把原来做正餐的惯性直接用在快餐上，不但不好使，还有坏处。给人下的命令都是按中式正餐的逻辑下的。

李翔：比如呢？

贾国龙：比如我要求家常味、往好做，用最好的东西做，要做到极致的顾客体验。但是做快餐还追求极致的顾客体验绝对是错的。因为快餐不能向顾客要价，贵了顾客不吃。做正餐，就是坚持做好，总有人吃。但是做快餐不能这么干。

李翔：中餐行业中，好像确实从来没有人成功地做起来大规模快餐连锁。

贾国龙：目前还没有。目前中式快餐中有几家过千店的，比如老乡鸡、乡村基、大米先生，我觉得规模再扩大是会出问题的，他们现在开店速度也明显慢了。华莱士也好，正新鸡排也好，还是属于西式的汉堡和炸鸡。

李翔：你看过塔斯汀吗？

贾国龙：塔斯汀有 4000 家店，也是做汉堡。塔斯汀的老板原来是华莱士的经理人。

李翔：塔斯汀的模式跟中国堡的模式有相似的地方吗？

贾国龙：都属于汉堡类，但产品我觉得还是有很大不同。比如塔斯汀说的现烙饼，其实还是面包坯，是烤的；我们是蒸的，是浙江的酒酿馒头。还有我们夹的完全是中国菜，塔斯汀还是以麦当劳、肯德基、华莱士卖得好的品类为主，以鸡肉为主，以炸为主，以西式的调味方法为主，只是打的是中式快餐的概念。

李翔：你吃过吗？

贾国龙：我吃过啊。当时北京还没有，我专门开车跑到天津吃的塔斯汀。我们当时要了满满一桌子菜。

李翔：它的产品、模式，以及定价，是不是更容易大规模扩张？

贾国龙：它和华莱士的逻辑都是定价低。对我来说这个事儿现在就是个障碍，我们的成本降不下去。定价是一整套运营逻辑，从供应链到管理，每一个环节都是成本。

李翔：中国堡的价格后来调过吗？

贾国龙：我们曾经调低过，为的是一口价、不二价，单品加起来就是套餐价。比如套餐33元，优惠3元是30元。我说所有单品都定最低价，加起来直接30不行吗？不行，这和顾客的认知是拧着的，套餐就是要优惠，为此我们还老挨骂。

李翔：中国堡已经开了50家店？

贾国龙：2023年9月1日的时候，50家店全开了。总数是53家，暂时不开新店，跑完上半年再说。

李翔：这个决定也是刚做没多久吗？

贾国龙：对，上次咱们聊的时候说要开300多家，一天开一家。现在就是这50家店先开着，开好了再扩，现在不能扩。现在才发现开店的难度。

李翔：难度是什么呢？

贾国龙：几个环节都有，产品上的、厨房设备上的，还有流程上的，以及员工的培训、顾客的认知，全链条每一段都有难度。现在是拿53家店打样。

李翔：要做到什么程度，你才会认为打样成功？

贾国龙：从生意角度来说的话，就是客流、营收、现金流、利润。首先得把房租和人员工资赚出来，然后把折旧赚出来，一点一点来。总部费用先不摊，让店自己能养活自己。这种项目真的需要时间。需要养，可能养着养着就开始给总部贡献管理费了。

李翔：运营53家店需要多大的团队？

贾国龙：现在队伍压得够重，员工有400多人，加上小时工一共500多人。

李翔：我们前些天见面后，你说要跟中国堡团队开会，是传递了什么精神吗？

贾国龙：其实不是传递精神，几乎所有人都来了，接近400人。我看报表的感觉不够，我的方式是要看到活生生的人。比如研发部的孟德飞说："现在有16个人在做研发。"我就会让他把这16个人叫到台上，让我看看他们是谁，都是什么职级。李志宏的营运团队有12个教练，也叫上来，我看看，问问这些人的背景，这是我的方式。如果我看报表，看他们报上来的组织结构等信息，总是缺乏想象。所以我会把所有的部门都过一遍。

53位店长都上来之后，我了解到53位店长大多是内部招聘的，给的待遇足够高，当时报名的有120多人，哪些人我认识，哪些人不认识，内部的有多少人，外聘的有多少人，这些人都是什么状态。我们给了店长5000元钱的驻店房补，主要目的是让他最早来、最晚走。其中有一个店长，他拿着房补，但住得很远，每天开车。我说："不行，不能给你房补，定好标准，必须住到离门店骑电动车不超过15分钟距离的位置，这么高的房补就是让你住在店附近。"

我只有在现场才能找到感觉。整个过一遍之后，我最有信心的就是我们这50多个店长，真的都年轻有为。好多人我都认识，这批店长锻炼半年或者一年，就是西贝的储备干部，将来这批人里边会产生一批能打仗的经理。

李翔：你做出这个决定之后，整个团队有意见吗？毕竟开始的时候，你给大家的愿景不是这样的，是要一天开一家店。

贾国龙：加店他们可能不同意，但是现在相当于游戏难度变小了。

李翔：但你在2022年年底做规划的时候，团队应该还是蛮兴奋的。

贾国龙：因为有对未来的想象，大家都不知道困难，还没开始做，无论多少，大家都觉得可以试试，因为谁也没经验，都不会说老板这个目标太大了。即使有人心里边那么想，也不会那么说。

李翔：开店过程中会有人来跟你交流，提出一些比较中肯的意见吗？

贾国龙：有。

李翔：是什么？要你开慢点？

贾国龙：对。

李翔：理由是什么？

贾国龙：没理由。我觉得很难有理有据地说，因为快慢是相对的,而且我准备放开加盟。所有东西都有个假设,就按这个假设去验证,有了反馈,就能感觉到目标大了还是小了,速度快了还是慢了。

李翔:什么时候决定就停在53家店,暂停扩张?

贾国龙:有2个月了。

李翔:你当时做这个决定,是因为看到数据没有预想中那么理想?

贾国龙:是我在下店中感受到的。我跟着他们开出来的店,一个一个下店,看教练的状态,看李志宏、孟德飞的状态,也找我自己的问题。我才知道其实自己无知的东西很多,到了门店之后才发现,这跟自己想的、我们当年正餐经营有很大的不同。

比如蛋花汤的优化,关于怎么才能够快速交付就打磨了很久。开始是中央厨房大包冷冻的,就是熬好汤、冷冻,到了门店,水浴复热。最小的包装也要6份一袋,拆开之后,如果今天卖4份,那剩下的两份就只能扔了,因为不能隔夜。我问:"为什么不是一包一份呢?"店里人回答说一包一份储藏不方便,冰箱里边会塞得满满的。

现在一步一步优化到汤是鸡汤浓缩液,鸡蛋是新鲜的,虾皮和海菜是干的,所有的水分不需要从中央工厂来,到了门店用95摄氏度的开水冲。之前的流程是鸡汤在工厂熬好、冷冻,然后到门店,水浴复热,再拆袋儿、装杯。过程烦琐,运输量大,储存量也大，大包装也容易浪费。现在是完全没有浪费，很精准，还很快。

新鲜鸡蛋用 10 克就可以，开始时是打一颗整鸡蛋，卖几份汤才能用完一颗鸡蛋，一天结束的时候，剩下的鸡蛋就要扔掉，现在是把鸡蛋放到挤壶里边往出挤，每次挤 10 克。挤壶开始是凭感觉往外挤，后来找到了有标准剂量的挤壶。工厂做好的浓缩鸡汤，也拿挤壶挤，然后放到 95 摄氏度的开水机上，一冲，把鸡蛋冲成花，然后这时候投虾皮、紫菜，来一点点香油、香菜末。这样做非常好，关键是和冷冻鸡汤做出来的味道完全一样。

然后我们在厨房做试验，让 7 个会做的人每人做一遍，最快的用时 45 秒，最慢的是 65 秒。我觉得还不行，继续优化。我就让他们 7 个人自己优化，最快的奖励 200 元钱，第 2 名奖励 100 元钱，第 3 名奖励 50 元钱。他们就开始现场讨论怎么优化，最后优化到用时 21 秒。

怎么优化的？该合并合并，虾皮和紫菜合并，浓缩鸡汤和香油合并，鸡蛋单独放。在高峰时期，干料可以在杯里提前储备一些，减少每一个动作。出水的时间差不多 10 秒，加料的时间 10 秒，加起来 21 秒出一杯蛋花汤。这是在现场跟一线人员讨论出来的。

我在想，这个事儿我不在现场的话，他们的积极性为什么不够？现在我也没太想明白。那几个教练没有一个像我这么偏执，就是钉住这些小事儿，一定要一个结果。我到了厨房，跟他们一待就几个小时，来做各种优化，包括陈列的优化、设备的优化、工艺的优化……这是人的特质呢，还是可训练的？这是我现在的困惑，我还没太想明白。可能这种特质就算一种企业家特质,他就是看到什么都想改,都想创新,想提高效率,想优化程序。但这是一种下意识呢,还是后天练习出来的呢?

西贝互联网营销走的弯路

李翔:今天大家都喜欢讲穿越周期,一个投资人朋友说,上一个比较难受的周期是2015年、2016年的时候,再之前是2008年、2009年,当时你们有感觉到难受吗?

贾国龙:我回忆一下,其实2015年到2018年,正是我们发展好的时候。当时我们跟着商业综合体在全国开店,在高速扩张,所以不同行业的周期可能不一样。就像新冠疫情以后,好多行业觉得难,但我觉得餐饮业还不错。吃吃喝喝这个行业,经济好的时候有好的表现,经济不好的时候影响也不大。国外也是这个规律。人们心情不好的时候需要吃点好的,心情好的时候也需要吃点好的。

李翔:2008年金融危机的时候呢?

贾国龙:那时候北京奥运会,也挺好。

张丽平:我们不好都是自己作的。之前有一个不好的时期,是因为我们确实在运营和决策上出了问题。

贾国龙:2018年,市场环境不错,又是我们创业30周年,是最好的时候,也是我们头脑发热的时候。我们在营销上出了大错误,卖299元的会员卡,用互联网的营销方法,发放各种电子优惠券、打折券。那一年是最浮躁的一年,门店也浮躁,我也浮躁,我们的干部也浮躁。

六里桥旗舰店重新开业的时候,做了个促销,被我发现,立马叫停。这个促销叫"价格回到20年前",因为我们是2002年开的六里桥旗舰店,到2022年整20年,重装后开业。这是跟肯德基学的,肯德基曾经有一个促销,就叫"价格回到20年前"。我说:"不行,坚决不行,再也不允许去传递低价信息。"20年前的价格是现在的一半还不到,相当于赔着钱卖。门店说是为了吸引顾客,我说:"六里桥旗舰店的顾客你靠这个吸引不来,他们不是因为西贝原来卖五元钱,现在卖两元钱来的,我们就好好做服务、做菜就行。"那家店有很多包间,都是商务宴请。

总之就是把所有的优免打折手法全部撤掉。客人来了服务好他们,客人认为好就会再来。我们传递我们的品质信息、服务信息、专业信息等。今年西贝在大众点评上了100家五星好评店,在一年前是49家。

李翔: 我可以理解为,2019年之后就再也不打折了,不通过低价的方式来吸引客户了?

贾国龙: 2019年开始往回收,一点点收,不能太急了。2021

年董俊义当了首席执行官之后,这个劲儿就戳住了。关键得有人执行。

贾林男:2021年春,西贝被骂贵,当时我们还在毡房开会,讨论要不要降价,会上还提出一句话:"做饭的围着吃饭的转,你说咋好就咋办。"

贾国龙:那之前西贝上海市场涨了一次价,就被骂了。

李翔:你们当时涨价到底是怎么想的呢?

贾国龙:成本控制不住呀。

张丽平:上海那次涨价其实是个别菜涨,上海西贝的价格原来一直低于我们的均价。

贾国龙:上海比北京、深圳都低。只有上海调了一点儿价,而且是个别菜调了一下。但是正好在那个节点上,先骂海底捞,然后突然也开始骂我们。

餐饮行业基本不受周期影响

李翔:你做餐饮30多年,到底有没有感受过周期的影响呢?

贾国龙:有,是在创业初期。我1988年开始创业,1990年年初,餐厅一个人都没有,电视台的记者拿着摄像机在餐厅门口等着,看谁来吃饭,因为我们当时的爱丽格斯是临河最高端的餐厅之一。

后来来了北京，北京市场大。我们1999年来的北京，当时是一路高歌猛进，再遇到危机就是2003年的"非典"，短期受到影响，随后就是报复性反弹。

然后是新冠疫情3年，这是影响最厉害的3年。之前的2018年、2019年，是我们自己作。新冠疫情这3年，一开始是恐慌，中途还有点儿希望，2022年都有绝望的感觉了。绝望的是什么呢？是所有的事情都和自己的常识判断不一致，我就觉得糟透了。我们是把人备满、仓备满，随时准备营业的，但是说封就封、说停就停，人都动不了。每个城市的店都被封过。它跟2020年新冠疫情第一年还不一样，第一年我们就准备了要封，当时想，最多就又是一次"非典"，我们回家就行了。2022年是一阵一阵的。最后放开市场的时候，我说："这可能得影响半年，我们得把粮草备好、准备过冬。"结果一个月就过去了。就像一股风，全国刮一遍。

张丽平：当时还想过，是不是要计划让我们的工作人员先于顾客阳，这样好了之后，就能服务顾客了。

贾国龙：当时北京阳的时候，我心想：完了完了，是不是要来抓我了，因为西贝当时一下阳了上百个人。我们那两天老开会，我想我们不会是源头吧。结果打开朋友圈一看，都阳了，我们不是源头，我还不知道是被谁传染的呢。我记得特别清楚，12月7日是酒酿空气馍的招商会，会场咳嗽声不断，然后我也被封到家里边动不了了。我以为我们是传染源，把我给吓到了，然后我们开始给社区报，社区说自己在家待着。

李翔：我听下来，对餐饮行业有影响的只能是大家都出不了门的那种情况，比如"非典"时期和新冠疫情期间，其他的经济周期，其实对餐饮行业影响也不是那么大？

贾国龙：从已有的经验来看，危机的时候唯一还能够正常运转的就是餐饮，吃吃喝喝，因为人总要吃饭，而且危机的时候吃饭的质和量，还都不减。

张丽平：曾经有一个餐饮行业的台湾地区的老师给我们讲课，他讲过一句话："对餐饮行业来说，没有不景气的行业，只有不景气的企业。你做不好，经济形势再好、外部再好跟你也没关系。"

贾国龙：现在餐饮分级特别厉害，高的往高走，低的往低走。降级、升级好像都不准确，就是分级。高的还得往高走，低的还得往低走。

李翔：西贝莜面村最贵的时候，就是在2019年左右，大家骂的时候吗？

张丽平：其实按照全国平均价来算的话，是现在。

贾国龙：现在西贝客单价还在往上走，骂的声音反而越来越小，因为现在的客人选对了，我们有意对优免打折在乎的那部分人进行切割。我们是优质优价，一定要真的配得上价格，努力做好服务、做好环境、做好营销。

李翔：西贝海鲜呢？

图 3-1 20 世纪 90 年代位于内蒙古临河的西贝爱丽格斯餐厅
当年贾国龙就有一个"三不"理论：不赊账、不打折、不陪酒

贾国龙：海鲜会限制发展，到期就关，不开了。但是我们呼和浩特的店都是自有店，做宴会，生意稳定。我们在当地是最有影响力的，人们办宴会、请客，就愿意来西贝海鲜。

海鲜的客单价也是 200 多元，但它那点业务我们是忽略不计的。九十九顶毡房在北京有一家店，那家店也很挣钱。九十九顶毡房是从两家店变成一家店了，反正留着就行，什么时候做不了的话就关了。

李翔：所以在你的布局里面，是基本上不会往更高端的产线走，是吗？

贾国龙：不会。鲜羊肉火锅就是玩一下，它也属于羊肉系列，再就是我儿子做了"壮壮酒馆"。

李翔：为什么呢？

贾国龙：因为会分散资源，分散精力。我 20 年前用咨询公司，最早用的就是先行广告，老板是孙先红[①]。他当时就说："老贾，把所有的业务都砍了，只留西贝，好好发展，这个大有前途。"其实我听进去了，但是我不砍，已经开着的我砍它干什么？我可以开得慢一点儿。西贝海鲜是已经开了，我后来再也没开新店，九十九顶毡房最多的时候也只开了两家，腾格里塔拉到期关了就再也没开。

李翔：今天你的朋友们应该还是会这么讲："专注在莜面村。"

[①] 曾任蒙牛集团副总裁，在蒙牛品牌快速崛起的过程中起到了重要的营销策划作用。他也是内蒙古先行广告创始人。

贾国龙：对，华杉就说，好好发展莜面村，搞什么快餐，搞什么功夫菜！我也觉得专做莜面村不错，肯定也是一个很好的选择，我还没那么累，但是这不就是不甘心吗！

趴在地板上干活

李翔：做高端比较轻松，是吧？

贾国龙：相对好。做高端更潇洒呀，自己吃得好，又赚钱又受人尊重。只有开始做快餐、零售，我才知道企业管理的基本功都在这儿。

挑战基本功其实特别有意思，我会思考管理的本质和源头，有时候我也能把自己想象成是一个大企业家。做高端餐饮，无论做得多挣钱，也只能说："我是个艺术家。"新荣记张勇给自己的定位叫伟大的厨子，我说是天才的美食艺术家。追求不一样。但是一旦做了快餐、零售，我看这些大企业家的故事就都能看懂了，丰田、福特、麦当劳，我和这些企业家就能链接。如果是做高端、做小，不需要跟这些人链接。现在是苦活、脏活、累活，是趴在地板上干活。我现在对钻到现实中、趴到地板上干活上瘾。

李翔：你上次跟我说你们没有做高端的基因，那你现在能确定说你们可以有做低客单价的基因吗？

贾国龙：我把这个话再调一下，说我们没有做高端的经验可能更准确。经验都是练成的，我多吃亏、多做，交点学费，慢慢就会了。做低客单价也是，交的学费还不够。说基因好像就是天生的，其实是过去没有练过。

我在我们的家乡临河，那么小的一个地方，是最高端的，只是到了北京就不高端了。做高端需要练，做低客单价也需要，毕竟还在餐饮体系里，但是不能靠惯性往前走，过去的经验不能解决新问题，肯定会栽跟头，必须意识到过去那一套习惯行不通了，要建立新的工作习惯。但是大多数人都会按惯性来行事，所以失败概率很高。我之前就是用做正餐的惯性做快餐，但我现在意识到了这个问题。

李翔：什么时候意识到的？

贾国龙：半年之前吧。进了门店、进了具体的业务中就会发现，这个真和我想的不一样。而且不是我一个人，其实这群人都有这个惯性。

李翔：正餐的惯性跟功夫菜会有矛盾吗？

贾国龙：功夫菜又是跨行业的，餐饮服务的经验用在零售端也不好使。去山姆、盒马卖货，和在线上卖货，又不一样。但我其实意识到比较早，我一直跟他们讲，我说我是用餐饮逻辑做零售，是在线上开了个大食堂，你点菜，我送到你家，你加热就吃，但是没跑通。我现在都认为想得没错，只是没打通。

现在我们想通过办公室场景打通，在办公室植入小饭桌，它是曾鸣说的"S2B2C 模式"。关键一个节点就是小 B，左边连接 S 平台，和平台合作好，右边和 C 合作好，连接 C 的需求。50% 的毛利空间，一半给到小 B，甚至多给 5 个点都可以，总部可以少一点儿。小 B 必须得超级灵活，不只是一个在办公室给客人加热饭菜的角色，最重要的是在加热之前和办公室工作人员的沟通和连接：想几点吃、吃什么、吃满意了没有、下次怎么优化，是量的问题、口味的问题还是品种的问题。小 B 要能力很强，既要销售又要服务。把小 B 重视起来，这个事儿就成了。我们定的是比外卖好吃，跟它一样分量、服务更好，但不允许更便宜。

一个新的想法：小饭桌

李翔：小饭桌是你现在的兴奋点？

贾国龙：是。

李翔：这个想法是怎么冒出来的？

贾国龙：其实不是现在冒出来的，做功夫菜的时候就已经有了。当时已经搞了好多设备，两种加热方法——水浴加热和蒸车加热，因为当时我对微波加热有很多误解，总觉得微波加热容易失败。水浴加热就是把塑料袋放到热水里煮。这个体验不好，也植入了几个办公室，2022 年跑了一段时间就暂停了。暂停之后开始全力以赴做中国堡，由美食市集变成小吃市集，再变成酒酿空气馍，变成空气馍，再变成中国堡，前后推了9个多月的时间，推成现在这个样子。

中国堡是推着推着终于知道快餐的问题是什么了。这是个产品创新，但是和麦当劳、肯德基比的话，需要全系统的效率优化和成本优化，是硬碰硬的，真的就成了效率、成本、体验这三件事儿，需要不断地优化这三件事儿，肯定会持续做下去。

小饭桌的事儿被激活是因为对微波炉有了新的认识。我们留了一个小的设备团队，一直在跟智米科技合作研发智厨，也在反复迭代。他们优化了微波炉的加热功能，用更智能、更好的微波炉，完全可以把菜加热好。各个微波炉厂家同时在干这个事儿，我们跟小米、美的、海尔、松下都有合作。微波炉技术的进步给了我们信心，这是在加热方式方面。

交付方式是受到麦当劳的启发，一个月之前，我去国贸体检，体检完出来去麦当劳吃早点，看到麦当劳外墙有一排智能柜，上班的人走过来，手机扫码，打开柜拿一袋东西就走，特别从容。柜子的另一边就是麦当劳的厨房，不断往这边儿交付。我就觉得太有意思了，当时就给几个同事打电话，几个人一个小时之后都来了这个地方。我就跟他们讲，小饭桌的项目可以用这个方式来给客人交付。然后马上就开始在我们首钢办公室拿自己几百人吃饭做试验。这次很有感觉。

李翔：现在小饭桌整个流程跑一遍的话，卡点会在什么地方？

贾国龙：其实就是要有人去扫楼，一个公司一个公司谈，先把小饭桌植入，然后去招聘那么多的小B。或者小B自己去扫楼开发市场也可以，只是要把利益激励设计好。这个项目停了几个月，缓一缓，一下就有新的灵感出来了。如果天天都钻在里面，可能就有点儿钻进死胡同了。

李翔：低温运转了一段时间，然后突然冒出一个想法。

贾国龙：好多事儿又重新想通了。其实还是功夫菜最早的业务能力，包括大研发、大生产能力。现在我想把"大"改成"强"，强研发、强生产、强物流，不能追求大，而是一种更接地气的强能力。

李翔：我有一个疑问，为什么不通过直接开店的模式来推小饭桌？因为它空间很小，可以像咖啡店那样开到办公楼里。

贾国龙：好多人也问过我这个问题，但是开店就直接杀到红海市场里了，那就只是做了一个产品创新，跟开快餐店一样，所有的费用都省不下来。我想的模式是直接进入办公室渠道，就是要解决办公室的午餐需求，直接拦截外卖。它比外卖优化了三项成本：没有5个点的平台费，没有10个点的配送费，也没有房租，这加起来就是30个点。省下来的成本，可以把10个点用来提升产品质量，10个点直接给小B，还能多出10个点来。它是结构性的，外卖怎么都克服不了这个障碍。只需要跟公司谈，把你的茶水间给我用,或者给我个犄角旮旯的空间,我就能把你的员工吃饭问题解决好。成本结构会好,而且还不需要人从楼上走下来取餐。当然,我们不否定会在楼里租一个地方服务多家公司,但最理想的方式是直接进办公室。

李翔:这个渠道创新,要进到办公室其实是给自己增加难度了,因为需要一个一个地去磕。

贾国龙:难度是相对的,说不定还降低了难度,只要能算得过账来。我们的销售人员一定是先从自己认识的人开始,从朋友的公司开始,一点一点来,就让我们试试,觉得好就留着,不好随时撤,反正我们搬家没成本,都是设备搬过去拼装出来的。

投资专注于能力建设

李翔:你们除了 2018 年发优惠券、用互联网思维营销,还犯过其他错误吗?

贾国龙:天天犯错。如果说投资失误,2012 年之前我们在呼和浩特投过一个最高端的酒楼,叫腾格里塔拉,投完之后受到环境变化的影响,关了,7000 万元没了,那是最大的一次单笔投资。还有一个属于重资产,在呼和浩特买了一块地,2.6 万平方米,为了让这块地不荒,投了 2 个亿建宴会城,也是投资失误,不该投那么重。

其他方面的投资,就是在快餐上这么多年,加上中国堡,快投了 10 个亿。我认为这是能力建设，不算错误。这是在探索新业务时为能力建设付的学费，比瞎投固定资产强。面向未来的投资一定会有风险，不然那些钱我分红分回家做什么用？买房？

西贝的培训费舍得花、咨询费舍得花，全部是能力建设。否则凭什么一个在内蒙古小县城开小饭馆的人，现在走到中国餐饮业的头部？我们不是川菜、粤菜、淮扬菜等等，不是大菜系，也不是从经济发达地方出来的，原因就是一直在能力建设上持续投入。

李翔：其实你的投资基本上也围绕餐饮，没有投过其他的。

贾国龙：对，主要是围绕组织的能力建设，还有我本人的能力建设。

李翔：这其实已经算很专注的了。

贾国龙：还算专注。我定义自己就是个生意人，是个开饭馆的，坚决不碰其他。把饭馆开好，把生意做好。

李翔：中间没想过在餐饮之外做点其他事情吗？因为餐饮行业还是很辛苦的。

贾国龙：1993 年有半年多时间，临河区酒厂转制，领导找我，说："酒厂不好的原因是酒卖得不好，你是开餐厅的，酒主要是卖到你们餐厅，我觉得你挺会做生意，转制的时候，你参与一下吧。"于是给我分了 10% 的股份，很便宜。改制之后让我当副总经理，分管销售。我卖了半年酒，卖得热火朝天。因为 1993 年有段时间我特烦餐饮业，一是我特烦陪客人喝酒，二是经常有人闹事儿，这个也特烦，我就想试试别的方向行不行。试了半年，半年之后，还是回来开饭馆。

李翔：那半年你的饭馆也还在？

贾国龙：还在。

李翔：卖酒应该很赚钱吧？做好了应该是非常赚钱的。

贾国龙：名牌酒可以赚钱。

西贝三条业务线

李翔：所以西贝现在基本上就已经很明确——正餐、快餐、功夫菜3个业务。这是什么时候明确下来的？

贾国龙：有一段时间了，快餐一直在我们的规划内，已经8年了。

李翔：这算分散吗，同时3条业务线？

贾国龙：我觉得算相对聚焦。厉害的是像海底捞张勇，火锅做好就行了。供应链他也做，但是他不投入精力。我自己觉得我的战略思考能力和战略执行能力应该在七八十分吧，不止六十分，还是能够守着边界的。

李翔：这3条业务线，除了你自己的时间和精力，公司内部的团队和资金都还是充足的？

贾国龙：我们资金的安全度足够好。新冠疫情喊完"救命"之后，我们原来是有2亿元铺底资金，到现在西贝账上的现金一直在10亿元左右，没有动过。我们有一部分银行低息贷款，但财务靠投资理财收益又能做到财务成本为零，我们财务负责人跟我说，今年我们财务估计还能赢点利，今年的理财投资收益会超过利息。账上的钱一直在10个亿上下，所以我们的资金绝对没问题。

组织的能力储备现在有点儿过剩，总部有点儿庞大。我们这次会梳理，已经宣布了，总部干部全部下岗，包括我也下岗。先梳理组织，梳理完组织之后，根据需要上岗。我们这么多年，有时候以岗设人，有时候以人设岗，堆出了一堆人，一直没梳理过。怎么梳理都不好，不如全部下岗。三大业务梳理完，需要什么岗位，先把岗位放到那儿，然后匹配人。也许还是原来的人，但是重新梳理之后，把目标和任务设定清楚了，总有一部分人会多余出来，该退休退休，该解聘解聘。

李翔：总部现在多少人？

贾国龙：1000人左右。这个比例在餐饮公司里面算高的。我知道海底捞总部、九毛九总部、西贝总部人多，剩下的企业据我了解都不多。

李翔：总部人多肯定是有原因的吧？

贾国龙：能力建设，先把人招好。打仗之前，先有人才有能力。这个道理也对也不对，我们把业务想得很大，结果业务没做大，人倒是没少储备。

李翔：现在你对这 3 个业务的定位是什么？

贾国龙：就说目标吧，莜面村是要做中式休闲正餐品类里全球第一的品牌。目前跟我们规模差不多的，安徽的小菜园在店数上超过我们，有 400 家店，但是营业额没我们高。太二酸菜鱼算单品店，它在广州专门做了一家川菜，口号是"本店没有酸菜鱼"。此外，太二的"怂火锅"做得不错，已经开了四五十家店，这就是九毛九的创新能力。

李翔：在休闲正餐品类里，你认为它的天花板会到多高呢？

贾国龙：我不去想它的天花板，但是它不宜快。复杂中餐有要价能力，生命力非常强，尤其在中国。正餐模式永远有市场，它是很古老的模式，古代享受餐厅服务的人或官或商，老百姓是不下馆子的。西方也一样。正餐有厨师、有技术、有烹饪、有呈现，是从器皿到服务的综合体验，人们永远有这个需求，而且它是能要上价格的，它既可以区别出菜的风味、特色，又能区分开价格带。一定要认真做、慢慢做、好好做，它是挣钱的项目。

李翔：西贝出海也是莜面村？

贾国龙：先是莜面村出海。

李翔：我理解现在也是整个集团的"现金奶牛"？

贾国龙：是。其他两个都是花钱的。

李翔：快餐跟功夫菜呢，怎么去定位它们的角色？

贾国龙：从赛道看都没有太大问题。快餐就是给的资源有限，每年 1 个亿，3 年之后看效果。之前的项目是做着做着就停了，这个不会停，连续 3 年投 3 个亿进去，看竞争力怎么样、品牌怎么样、消费者的认可度怎么样、团队建设怎么样，先从门店保本开始，随后摊掉折旧费，就进入良性循环了。你凭辛苦挣钱，市场会奖励你，可以让你利薄一点儿，不会让你颗粒无收。颗粒无收是你做得完全错了。餐饮行业就是个辛苦行业，挣的是辛苦钱，所以只要辛苦投进去，不会让你颗粒无收，但是会不会有大成绩不好说，只能边做边看。

功夫菜就是两条线——零售和小饭桌。两个负责人会把模式跟大家讲一遍，同时也会把 S2B2C 这种模式和大家讲一讲，让大家充分地讨论。我们叫对外抢夺顾客，对内抢夺资源。对外指的是在市场上能不能把顾客抢回来，把生意做了，对内是公司给配多少资源。零售团队首先是不赔钱，他们也都谨慎，这几年不算研发费还挣钱，只是挣得少一点儿，但是到底能做多大，就看他们的本事。小饭桌还处在培育期。

这几年，就是想投 1 个亿也不太好花出去，得有事儿干，得有理由把它花了。所以它完全在我的安全边界内。今年莜面村整体业务应该在 60 亿元之上。2019 年是 62 亿元，按今年的态势，莜面村正常的话能有 5~6 个亿的利润是没问题的。两个项目各投 1 个亿，也还是很安全。挣的钱是要分了呢，还是要投到未来的能力上？分了也就分了，但是你要上市，股东更在乎的是市值，哪会在乎当年分了多少钱。

李翔：最后支撑你的愿景的是哪个项目？

贾国龙：3 个项目同时在支撑愿景。莜面村也要国际化，也要开店，也要培养人。有两个原因：第一，它本身是个生意；第二，由于开得慢，它本身会有人才溢出。快餐和功夫菜会跑得快一些。

李翔：莜面村不能跑得更快一点儿吗，为什么要限制它的速度呢？

贾国龙：跑不快。真的不能让它快。

李翔：别人也会这么认为吗？还是只有你自己这么认为？

贾国龙：我很关键啊。一万个人认为能跑快，我说跑不快，最终拍板是我，拍板的人才是关键。你们说跑得快，那你们可以试一试。首席执行官比我还谨慎，这么多年合作下来，他都要明显偏保守一些。这也是为什么我愿意用他，我已经够疯了，来一个比我还疯的人可还行？西贝莜面村最快的时候是 2018 年，一年开了 100 多家店，那一年投资了 3 个多亿，一家店平均 300 万元。

李翔：是你做的决定吗，要开100多家店？

贾国龙：没人做决定，自然而然，正好商业综合体起来，而且西贝2016年、2017年生意特别好，各个地方的商业综合体抢着邀请西贝进去，都给最好的条件，免房租、补装修，一下子就开出那么多来。最后一统计，100多家，自己还吓一跳。

李翔：怎么感觉你们公司没有顶层规划？

贾国龙：顶层规划就是大致方向和节奏，我不太认同严格的计划、预算和节奏，要把什么东西都算好、计划好，我就不认这个理。规划应该有，但最终是做出来的，不是算出来的。

李翔：在3个业务上，人员是如何分配的？

贾国龙：莜面村有1.7万人，快餐500人，零售端有100多人，剩下的是总部的支持部门，还有工厂。

李翔：对一个服务业公司甚者餐饮公司而言，大总部的道理是什么？

贾国龙：我坚持"强大的总部"，现在够大，但是不够强。如果想做连锁、想做特许加盟，一定是强总部。

李翔：西贝莜面村的模式跟传统加盟不太一样吧？

贾国龙：我们叫先合作后加盟，跟分部负责人先按照6∶4的比例合作开店，再倒过来加盟品牌。他们没有品牌权，只有40%的分红权，品牌完全是总部的。先成立公司合作开店，然后反过来加盟品牌，属于非典型直营和非典型加盟。

李翔：还有其他公司这么做的吗？

贾国龙：有好多。比如小菜园基本上就是这个模式。喜家德也是，不过是股份比例多与少的问题。

李翔：喜家德不是号称全直营吗？

贾国龙：我们也号称全直营，只不过是给团队分多少钱的问题。我们不是说陌生人来了想加盟，我们就给加盟。我们是在内部团队中逐步推，比如西贝和内部某个团队合作成立个公司，需要投入1000万元，总部出600万元，他们团队出400万元，开了3家店，叫西贝莜面村，给西贝总部交管理费，相当于加盟了西贝品牌。我们都是从内部开始，先成为同事，取得信任。

李翔：之前有人这么做吗？

贾国龙：不知道。我们一步一步就变成这样了，最早是51∶49，还有过7∶3，最后不知道怎么就调成了6∶4。我觉得6∶4可能接近于黄金分割，稳定态。

李翔：之后快餐也可以采用这种方式？

贾国龙：可以。但是在我的想象中，快餐还是培育成纯加盟模式，比如麦当劳模式。

李翔：功夫菜呢？

贾国龙：功夫菜反而是全直营。莜面村是非典型直营和非典型加盟，将来快餐是典型加盟，功夫菜是典型全直营。这是我想象中的。

李翔：功夫菜做零售的话，它为什么不能像锅圈食汇那样做呢？

贾国龙：完全可以，只是我没有选择而已。就像你问我为什么不做火锅，就是我没选择做呀。我在临河也开过火锅店，为什么不把火锅做大？现在想起来是没有为什么。精力就这么点儿，做了这个就做不了那个。

西贝唯一的企业家是我自己。这不是我表扬自己，企业家属于脸皮极厚的人，对失败和错误，睡一觉就忘了，但是一般人不行，很多人失败一次，脸色都变了，自己都不好意思。企业家对错误无感，错就错了呗，就像打麻将，上半场输了，下半场赢回来不就行了？没有心理负担。

"一个公司只能有一个企业家吗"

李翔：你是一开始就没有心理负担，还是后来变成这样的？

贾国龙：一开始就没有，而且我是越挫越勇，赔钱赔得来劲儿，对脸面无所谓。你越骂我还越激起我的斗志。我自己经历过好多次这种情况，开始时别人不认可，等成了，别人马上换另外一种态度。我就属于这种遇到危机、遇到难题就兴奋的。遇到别人否定，心里面想的就是：等着，你看我给你做一个出来。

李翔：一个公司只能有一个企业家吗？

贾国龙：不是，可以有多个，只是有企业家特质的人太少了。你看这个行业，不同的时期总有头部的人上去再下来，能够持续在头部，或者能够从低谷又爬上来的人极少。我们刚来北京的时候，北京最火的是谭鱼头、顺峰、湘鄂情、俏江南，后来还有小肥羊，一批又一批，潮起潮落。真正能穿越周期一直持续进步的，极少，海底捞算一个，西贝也算。

李翔：从外部视角看，其实有可能很重要的一个原因是你没干别的，只干餐饮了。

贾国龙：有的是干了别的分散了精力和资源，也有的只干餐饮，但是下去就上不来了。

李翔：只干餐饮但是下去的原因是什么呢？

贾国龙：我自己觉得是创新跟不上，还是原来的惯性。比如"中央八项规定"之前高端餐饮是那么做的，但是之后高端餐饮就必须转型。大董和新荣记就转型得很好。有一些就没转好，掉队了,那些老板最后也退出了。

李翔:你看到过同一个公司里,有多个有企业家精神的人存在吗?

贾国龙:华为。

李翔:有没有可能,这种有企业家精神的人,在同一个组织里面就是互斥的?

贾国龙:是的。但华为好一点儿,这是由华为的分配方式决定的。

李翔:你自己讲,你到中国堡的后厨,能看到很多需要迭代和改进的地方,但是实际负责的同事可能就很难察觉出来。你认为这个原因是什么?是因为没有得到足够多的授权?

贾国龙:就是没有企业家精神,没有创新的意识和能力。我没有自我表扬的意思,就是在想为什么。这种不安于现状,见什么都想改、都想优化,是一种极少的特质。

李翔:这么多年一直都是这样?

贾国龙:一直这样。我在生活中就是这么个人,工作和生活是一样的。

李翔:所以你的同事应该是不太希望你去门店的吧?

贾国龙:他不希望我也去了。各有想法,有的人希望,有的人不希望。我也懒得想他们是不是希望我去。

同时创新，单条推进

李翔：忙于新业务就没空去莜面村了吧？

贾国龙：创新一定是一阵一阵的，不能够天天创新，天天创新组织受不了。莜面村的创新也是我在推动，儿童餐、莜面、那达慕羊肉美食节、品牌升级，全是我在推动。隔一段时间我去推一把就够了，因为它是稳定的生意，而且董俊义他们接得住，老板一推，他马上就意识到该怎么做了。

李翔：儿童餐应该算是莜面村最近几年最成功的创新了吧？

贾国龙：对。

李翔：我理解同一个阶段应该是有无数创新的想法的，为什么儿童餐就立住了？

贾国龙：我选的儿童餐方向，我给配的组织，而且给配的强化组织，开始配得不够，我再给加强。莜面村这个品牌是我的一手活儿，每一个创新都是，从创店到现在，完全是我一手带的。过程中其他人也有一些创新的补充，但是都在我的创新方向上。

李翔：我的意思是，理论上你应该还有很多从零到一发起的创新想法。

贾国龙：太多了。

李翔：但是儿童餐就立住了，而且市场反馈也非常正向，为什么有的创新就没有这么成功，或者说没有收到市场这么大的认可呢？

贾国龙：好多想法同时在试，试儿童餐也试别的。决定它能立住的是反馈。儿童餐的反馈是正向的，就开始推，另外两个创新反馈没那么好，就开始撤资源。

所有的创新都源于一个假设，你假设它行，你就开始配资源去试，有正向反馈了，就再追加资源；如果反馈不好，就往回撤资源。企业家玩的不就是这个游戏吗？

李翔：所以它也没什么方法论，就是根据市场反馈调整？

贾国龙：这就是方法论啊。就是任正非讲的那句话：你到林子里边打鸟，千万不要说先瞄准后开枪，而是先啪的开一枪，林子里边儿鸟一下就惊起一群来，你马上追着鸟多的方向打。这个先打一枪不就是试吗？最后惊出一片鸟来，你就知道鸟在哪个方向了。这就是方法。

李翔：最近5年，儿童餐是不是就算你最得意的创新了？

贾国龙：之一吧。

李翔：其他还有什么是你比较得意的？

贾国龙：功夫菜绝对是其中一个。如果在6个月之前问我，中国堡也是。但现在因为已经有50多家店开出来，市场已经跑起来，我也钻到厨房里边无数次了,相当于已经有了一些验证,所以现在不算。小饭桌现在算,但6个月之后就不一定了。

李翔:功夫菜属于你做了这么长时间还是会为它自豪的创新项目?

贾国龙:重大创新。

李翔:虽然没有取得市场破局?

贾国龙:对,没有破局,但是它真的在重构餐饮,推动餐饮现代化,由原来厨房的前店后厂,变成厂店分离。集中生产,通过物流配送到无数个小店去售卖,重构了成本结构。前店后厂最大的问题是,在商业综合体里,厂和店的租金一样,每平方米每天10元钱。厂店分离之后,厂就变成每平方米每天1元钱。

然后原来是20个厨师,每天有效工作时间可能只有4个小时,剩下的时间都在等待,厂店分离之后,工厂里边所有人1分钟时间都不会浪费,因为都是按订单交付的。人的费用结构性降低,房租费用结构性降低,而人和房租是餐饮结构里边最大的两个费用。

李翔:功夫菜的这种重构在整个行业里是大家都认同的吗?

贾国龙:我不知道。现在预制菜吵成这样,有人认,有人不认,而且误解偏多。

李翔:它的破局点一直没有出现,原因是什么?

贾国龙：就是能力。还没出现那个厉害的模式和厉害的企业家，还有厉害的企业家状态。企业家是一种创新状态的描述，不是一个身份。一个企业家创新的时候才是企业家，不创新的时候就不是。贾国龙这个人，一段时间是企业家，一段时间就不是企业家。不创新的时候，我就是个老板、厂长或者经理。

出海要考虑富矿市场

李翔：上次我们也聊到你在日本待了两周，然后去了英国。在那边有什么好的消费体验会让你印象比较深刻？

贾国龙：让我服务全人类的意愿更强了。而且我越来越认为，做生意就是做生意，不要太意识形态化，我们是生意人，我就是开饭馆的，谁交钱吃饭我服务谁，不会分什么美国人、中国人、日本人。我们作为一个服务者、一个做饭的，就好好做饭，千万别不务正业。西贝要强大到去美国发展，不用从中国派人，用美国本地人就能够把这个品牌在美国推广出去。由本地人服务本地人，西贝作为一个品牌输出，作为一套管理的know-how[1]输出就可以了。就像麦当劳（中国）现在几乎全是中国人。我们到2030年的目标是莜面村在国内开有700家，在国外开有300家。还剩7年的时间。

---

[1] 指的是在企业内部的技术诀窍、专业知识、独家配方等，属于无形资产的商业秘密。

李翔：你们是从什么时候开始有全球化的想法的？

贾国龙：20年前就考虑过，但只是一时冲动，一直没有有效行动。现在要认认真真行动，2024年一定要布局，把人派出去。首先我们得了解国外的法律，要把在国外开店的"坑"了解清楚。

李翔：你们之前没有特别认真地准备去国外开店，原因是什么？因为国内市场太好？

贾国龙：我总觉得不到时候，还不成熟。疫情3年把所有的节奏都拖慢了，本来我们的目标是先过百亿元，2019年我们已经62亿元了，结果现在整个要往后延3年。这3年业务一点儿都没增长，今年只是恢复到2019年，但能力比2019年更强了。

李翔：之前做的百亿计划，应该主要考虑的还是莜面村这个业务，没有想到新业务？

贾国龙：对，以莜面村业务为主。

李翔：你们出海的话会考虑先到哪里？很多公司本能地会先考虑东南亚市场，比如蜜雪冰城在东南亚就做得非常好。

贾国龙：我现在思考的就是美国和欧洲国家。

李翔：为什么？

贾国龙：因为它是富矿，消费能力足够强。一定要对最大的市场布局，西欧国家有差异化，美国消费能力足够强。这是我的思考。但最后怎么选择也没完全想明白。

李翔：跟西贝差不多体量的公司里面，有哪些公司在海外做得非常好？

贾国龙：海底捞，鼎泰丰。

李翔：鼎泰丰本身就是一个从中国大陆之外开始做的公司吧？

贾国龙：它是从中国台湾做到日本，在日本做起来之后，创始人的弟弟去美国开店，是自然而然的过程。鼎泰丰的老板来的时候，我陪他在大西北走了一周多，有深度的交流，我也去了鼎泰丰的总部，交流完之后发现就是个自然而然的过程。它就做一件事，就是钉住包子，有几个关键人物在日本做出了标准，然后到了美国把包子包好就行。

李翔：你觉得海底捞的国际化为什么做得那么好呢？

贾国龙：海底捞组织力强。海底捞的组织力在目前的餐饮行业里肯定是最强的。

李翔：你们的组织力跟他们比呢？

贾国龙：我觉得比海底捞还弱点。

李翔：弱在哪儿？

贾国龙：弱在战斗力和执行力。第一，我们的业务比海底捞复杂，中餐业务比火锅复杂。第二，我们还有好几个板块。而且我又好变，有时候就像翻烙饼一样变。张勇现在做的事儿是在1994年就想明白的事儿。

李翔：也不需要创新是吗？

贾国龙：他有创新。他的创新就是在服务流程上不断优化，以及管理人的方面。他是在同一个方向上创新，我是同时开辟好几条路。

李翔：餐饮圈大家交流的时候，会讨论国际化这件事情吗？大家怎么看这件事情呢？

贾国龙：都会讲各自的想法。

李翔：但是真正行动的人是偏少的？

贾国龙：行动的太少了。

李翔：大家不行动的原因是什么？内地市场足够大？

贾国龙：一是愿望，二是能力吧。小肥羊现在在北美到处开店，那是我们内蒙古老乡，包头人，挺会做生意。这个团队是把公司卖给了百胜，但又把北美的加盟权买回来几年。他们北美的店开得还不错，现在小肥羊品牌在北美的授权合同到期了，又开始做"快乐小羊"，英国的"快乐小羊"生意还特别好。其他品牌的话，新荣记出去开店能开好，我信；喜家德出去开店能开好，我信；巴奴到外面开店能开好，我也信。因为他们真的有对品质和体验的坚持，要靠"好"来赢得顾客，然后还追求效率和成本。体验、效率、成本都追求是很挑战管理能力的。

李翔：可能是因为内地市场足够大，大家还没到必须出海的程度。

贾国龙：我觉得跟第一代创业者的认知有关系。出国我自己就天然地不喜欢，语言不通、听不懂、说不出，挺别扭的，不如在国内待得爽。而且除了做生意机会不错，他们的生活方式我还真就不喜欢。但是做生意可以派人去。

李翔：派人去能做好吗？

贾国龙：我觉得中国的连锁企业，像西贝这一级的，出海成功的概率非常大，因为国外中餐整体水平太低。需求那么大，水平又那么低，绝对是富矿。

绩效精神是管理核心

李翔：你老说海底捞的组织能力很强，你觉得一个公司的组织能力,是只要创始人本身有这个意愿来发展组织能力就可以吗,还是说取决于什么因素?

贾国龙:我们最近在学绩效管理,也学习了彼得·德鲁克的绩效管理思想。其实每一家厉害的企业都暗合了绩效精神,所有的激励都在绩效导向上,但是有的操作手法比较细腻一点儿,有的就简单粗暴一点儿。

李翔:比如巴奴毛肚火锅创始人杜中兵是做火锅的,他是对标海底捞,你们可能从连锁餐饮的角度也会对标海底捞,大家会认为,海底捞的组织能力很难超越,那个点到底在什么地方?

贾国龙:我第一次去海底捞吃饭,是在北京交通大学西门那家店,吃了两次之后,我就觉得这太神奇了,但这种模式很难长久,也不好复制,大规模扩张会有问题。

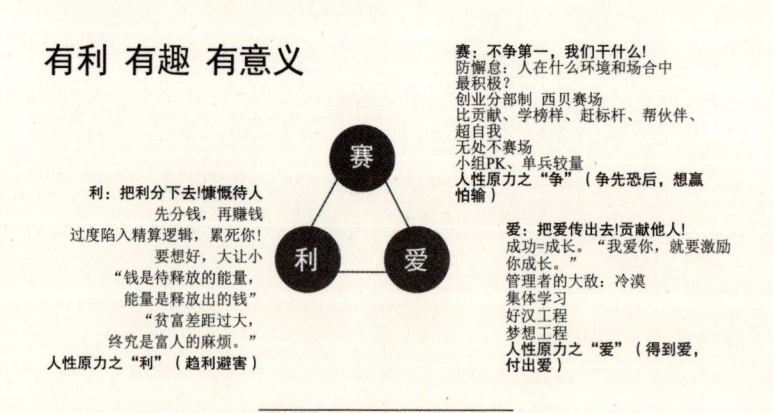

有利 有趣 有意义

利:把利分下去!慷慨待人
先分钱,再赚钱
过度陷入精算逻辑,累死人!
要想好,大让小
"钱是待释放的能量,
能量是释放出的钱"
"贫富差距过大,
终究是富人的麻烦。"
人性原力之"利"(趋利避害)

赛:不争第一,我们干什么!
防懈怠:人在什么环境和场合中最积极?
创业分部制 西贝赛场
比贡献、学榜样、赶标杆、帮伙伴、超自我
无处不赛场
小组PK、单兵较量
人性原力之"争"(争先恐后,想赢怕输)

爱:把爱传出去!贡献他人!
成功=成长。"我爱你,就要激励你成长。"
管理者的大敌:冷漠
集体学习
好汉工程
梦想工程
人性原力之"爱"(得到爱,付出爱)

图 3-2 西贝组织活力"黄金三角"

李翔：哪一年？

贾国龙：很早，大约在 2003 年，也可能是 2004 年。后来连续去了几次海底捞，我还是坚持我的判断，但我是不断地被海底捞教育。海底捞开了那么多家店，存在了这么长时间，我去任何一家店，服务上一点儿毛病没有，还那么好。不管是上海、无锡，还是到什么犄角旮旯的地方，只要遇到海底捞，走进去，服务是一以贯之的，都那么好，而且不管是高峰时段还是边缘时段。我就开始越来越佩服他。

李翔：但是也不知道他到底做对了什么？

贾国龙：其实就是张勇的一手活。海底捞的服务标准是张勇的一手活，他是有标准的。最早的时候有人能改一个字、改一个标点符号，都有公开奖励。

李翔：到现在为止，基本上也是他自己来定这个服务标准的？

贾国龙：就是在他最初定下的服务标准上做一些优化。关键是他懂人性，懂顾客的需求，懂员工。段位到了他就是懂，而且还会做。张勇很知道怎么驱动员工，海底捞的员工叫他张大哥，这是发自内心的。

李翔：餐饮业做大了之后就会有好多人，像西贝 2 万人，其实在很多人看来已经是一个很大的公司了。有的公司可能营收更高，但也没有管这么多人。这个行业的管理，难点在什么地方？

贾国龙：其实就是在分利和激励之间的把控。愿意分利，但又不是乱分，这是有原则的，真的是分给那些能干的人和创造顾客价值的人。

西贝的管理是不差，西贝能打 70 分，海底捞是 90 分，华为可能是 95 分。其实还是价值评价、价值分配、价值创造这个循环的健康度。很多企业做得不健康，舍不得分，没戏；舍得分，但是分不对也不行。只能说段位高低，不能说有没有，我们的段位还不太高，还得升级。我们最近连续学习绩效管理，其实就是想升段位。

李翔：之前西贝是特别强调分利，要把利分给奋斗者，这两年我感觉其实更强调用利润去培养能力和做新业务。

贾国龙：要真的分给创造价值的人，而且分得要够。超配可以，超配一点儿就行了，超配多了，把该由公司拿的利也分出去了，公司的再生产能力就弱了。公司的赢利能力也是能力，所以这个度的把握很重要。公司该得的得留下，因为公司该得的部分是有用的，要进行创新和再投入。

李翔：可能之前更强调分利，现在更强调把利润投入未来，这个理解准确吗？

贾国龙：强调分得更精准一些。原来就是为分而分，有时还有一点儿炫耀。企业管理者分利分不对,按彼得·德鲁克的话讲,叫不正直。

李翔:不正直?怎么讲?

贾国龙:对绩效管理的标准低。特别挑战人,绩效管理是一整套技术,对人的评价、过程的评价、结果的评价。我们是基本凭感觉。

李翔:但这样也能管2万人?

贾国龙:你只要舍得给。我现在觉得20万人更好管。人多了真的好管。

李翔:是吗?

贾国龙:业务大方向没问题,我们这些人实心诚意服务顾客的意愿还是有的,创造出有特色的产品,这个能力也还是有的。30多年了,我们不是凭运气走到现在的,我们还真的是凭艰苦奋斗得来这一切的。

李翔:管团队的核心就是舍得给?

贾国龙:舍得给是基础。我们公司有一个特别有名的人物叫马姨,退休了,今年已经80多岁了。马姨精神有两条:第一条是"做不好和自己没完";第二条是"我一出现,事情就有所不同"。第二条是后来加上的。我一出现事情就有所不同,其实是解决问题的能力。开始只是强调愿意干、肯干,于是我们西贝青年就是做不好跟自己没完,但是光有这个不行,多少人做不好跟自己没完,但他还是做不好。首先你得要有这种意愿,今天晚上点两根蜡烛也要把这道题解了,但是有了这个意愿,你还得能解得了,别最后点完蜡也解不了。

我们上高中的时候,晚自习后会熄灯,之后就靠点蜡。10点熄灯,熄灯就回家睡觉,那叫什么学生!所以大多数人会再点一根蜡,把这根蜡点完了就回去。再刻苦的学生就点两根蜡,一根蜡差不多能用一个小时。

李翔:你刚才讲,你会觉得可能管20万人比管2万人还要容易一点儿。

贾国龙:一定是2万人比2000人好管,20万人比2万人好管。我自己觉得我特别适合驱动大组织,随后西贝的组织会越来越大,西贝2030年的目标是:要激励20万西贝奋斗者在西贝平台上追梦前行。我对这个是有想象的。

李翔:管好20万人的关键也还是分利?

贾国龙:舍得很重要。你要把你的游戏做得有趣、有利、有意义,这样的话人就愿意来。只是我们现在管人、激励人的能力要升段位,升段位就是颗粒度变细,要变精准,别那么粗放。以前太粗放。

李翔：但粗放的时候不也是高速增长的时候吗？

贾国龙：高速增长是因为西贝莜面村这个业务足够与众不同，等这个红利期过去了，还得靠经营管理。我们很会创造与众不同的特色，九十九顶毡房、腾格里塔拉，还有西贝莜面村，多么怪的品牌组合，但顾客喜欢。真的就是创造与众不同，餐饮业只要做出不一样的好东西，人们就认。这个能力我是有的。但规模大了之后就不能光靠不一样，还要靠它的标准化和稳定性。

赛场制度

李翔：你们历史上增长最快的时候是什么时候？

贾国龙：2016 年、2017 年、2018 年，最快的 3 年。

李翔：它的增长快，原因是商业地产的高速增长吗？

贾国龙：其实跟我们三代店的创造也有关系。三代小店出来，正好商业地产也在高速增长。我们 2018 年开了 100 多家店，2016 年、2017 年、2018 年 3 年加起来开了 200 多家店。

李翔：当时它的规模迅速增长，你作为首席执行官和创始人，有什么感觉？

贾国龙：没多少感觉。因为我们是十几个分部同时开店，各开各的。我们派出去的干部还是能干的，都是一些老干部，还都挺拼命。

李翔：当时其实派出去的也都是跟了你很多年的人。大家一起成长起来的，信任感也足。

贾国龙：对。

李翔：从个人而言，你会觉得成长最快的时候是那个时候吗？

贾国龙：不是。发展好的时候是个人成长最慢的时候。

李翔：所以是不同步的？

贾国龙：难题和危机来了的时候，人成长最快。危机确实促使人成长。

李翔：危机主要是说新冠疫情？

贾国龙：新冠疫情是很大的危机，逼我开始反思，我这几年经常说："你们最大的成绩就是把我'拖下水'，原来我一直在岸边。"这是这几年西贝的一个比较大的变化。毕竟莜面村是我的一手活，不管怎么变都是我在设计，再加上一个超强的执行团队，能领会我的意图，包括菜单怎么调，体验怎么输出，品牌怎么表达。它是我的一个作品。

李翔：西贝莜面村你应该打磨了很长时间，相当于从开始做餐饮就上手了吧？

贾国龙：对，过程中还得退一下，然后再进，就一下子找到感觉了。这两年把西贝莜面村重新连着推了几步，它的魅力又出来了。如果这两年不连着推这几步，西贝这个品牌很可能像不少老品牌一样没落了。大多数餐饮的老品牌，只要下去就上不来了。

李翔：虽然你之前说你是在组织的岸边，但其实还是上手做了不少事情吧？

贾国龙：我就是让门店强制性铺红白格台布。

李翔：这很像是华杉和华与华的手笔，超级符号。

张丽平：华杉老师一直在外面澄清说："红白格真的跟我没关系。"我和贾国龙在西雅图，出去吃鼎泰丰，要排队3个小时，我们要赶飞机，然后正好楼下有一家意大利餐厅，进去不用排队，客人很少，人家用的就是红白格台布，其实就是意大利传统的红白格野餐台布。

贾国龙：我当时看到，我说要把西贝所有的桌子都铺上。原来西贝没桌布，光面木头桌子。我铺排红白格子桌布有几个考虑：第一，它是视觉符号；第二，铺桌布的餐厅显得比不铺桌布的餐厅高级；第三，收餐快。收餐快是我的重要考虑，我们那时候光面台收餐，服务员要先把垃圾全部搞到地下，然后扫地。台布是一兜就能把所有的垃圾兜走，然后再铺一块，这样翻台快。

张丽平：分部负责人没有一个同意的。他们觉得成本高，把服务也变复杂了。除了红白格桌布，我们强推的还有印着沙棘图案的盘子。

贾国龙：用了沙棘图案的盘子之后，我就不想轻易再换。这也有两个原因：第一是这个盘子足够大，吃羊排什么的，这个盘子能装得住；第二是由于盘子是花的，放点骨头不显脏，如果是白盘子就显脏，服务员根本换不过来。

张丽平：那个盘子大家也都不同意，只有我支持。尤其是我们的设计师，都说这个好土，不符合他们的审美，而且形状又太大，放在那儿不好看，但它是真的好用。

贾国龙：是，执行什么一定要彻底。红白格桌布必须用布面的，必须是一次性的，不允许用两次，然后当年李凤兰店长觉得直接铺这个台布有点儿硌，她就在下面加了一个软垫，铺上舒服一点儿，之后就全国推广。

张丽平：开始大家说铺红白格桌布可以，我们在上面再铺个一次性塑料台布，这样撤的时候就不浪费桌布，可以重复用。

贾国龙：我说："不行，不能是塑料，必须是布的。"然后专门成立了一个比赛项目，要考核这件事情。

李翔：这是你们高速增长的几年，你最大的业绩？（笑）

贾国龙：这么说起来，最大的业绩是赛场制度[1]，每个季度的

---

[1] 西贝从2015年开始，从体育比赛的裁判员制度得到灵感，推出了赛场制。简单而言就是由一个中立的裁判团队去考核各家门店，定期对门店进行综合排名。

会我都参加，后来因为作弊问题解决不了了，才把赛场停了。

李翔：作弊？

贾国龙：门店作弊，就像运动员作弊，我这时候才知道什么叫道高一尺，魔高一丈。开始时其实是玩真的，也有娱乐精神，赛得特别好。后来大面积作弊，没办法。

张丽平：比如裁判要去门店检查，门店就跟裁判提前商量好检查事项。

贾国龙：这是一方面，有各种作弊方法。

李翔：但是你们也没有办法？

贾国龙：我没办法。

李翔：我的印象里，你在公司应该算是非常有权威的，为什么像推桌布也会遇到这么大的阻力？你们公司的权力结构是什么样子的？

贾国龙：大家也铺，不是说反对，但是铺不好也麻烦。比如买的时候买劣质的，洗的时候送小洗衣公司，导致桌布掉色、变色。

张丽平：开始时大家也有一种心理，用几天老板自己就会撤的。

创始人要深度参与

李翔：后面大家能够把你"拉下水"的原因是什么？我理解肯

定会有莜面村遇到了挑战的原因,除此之外,还有什么原因吗?

贾国龙:哪能被别人"拉下水",是被事情"拉下水",危机来了把我逼的,我不下去危机就解决不了。只有自己跳下去,大家说:"哎哟,老板都跳下去了。"那大家的认真劲儿就上来了。

李翔:比如之前第二增长曲线的探索,算"下水"吗?

贾国龙:也不算,我一直在岸上,一直是花钱让别人干,或者我进去一下就出来,不够深入。有时候真是自己打不上去,也有无力感。

李翔:自己"下水"之后也打不上去?

贾国龙:对,我自己下水之后也打不上去,真有无力感。

李翔:神话破灭了是吧?

贾国龙:这个可没有,我一点儿没有把自己当神话。

李翔:你们公司的人肯定会有这样的心情吧?

贾国龙:公司的人可能有,我不会。只是作为老板的权威一直在,我是大股东,股改之前,我和太太在总部的股份加起来占95%以上,赔100元钱,绝大多数赔的是自己的。为什么大股东有话语权?因为是真金白银。后来还拿了外部投资,然后又回购。

李翔：听下来你对公司的参与度，其实在整个过程里是有变化的。但肯定开始的时候参与度会非常重，毕竟是在创业。

贾国龙：对。我其实是一旦把模式建立起来，就开始逐步往后退了。我在具体钉事儿上，远远不如手下人，比如现在的西贝莜面村首席执行官董俊义，人家是完全能钉住的。我是在创作的时候兴奋，一旦创作完成，持续执行落地的劲儿就没了。

李翔：那你现在能讲精益管理、讲绩效，感觉很不容易，是因为受到很大的刺激？

贾国龙：确实受刺激，精益管理才是最终挑战大企业和大组织水平的，尤其像我们这种复杂中餐也好、快餐也好、零售也好，精细化一定要够。

李翔：你对公司参与最深的是哪个时期？

贾国龙：每个项目在新市场破局的时候，每一个新产品在往起立的时候，我还是参与度挺高的，包括九十九顶毡房、腾格里塔拉，一旦模式跑通了，我的关注度就低了。九十九顶毡房是完全按我的想象建的一个模型，腾格里塔拉最初也是我召集的团队，其中的演出最早请的是专业编剧老师来写的剧本，但是第一版我怎么看都不兴奋，无奈之下，设计师吉尔格楞试着写了个剧本，我一看，很有感觉，就它了。

李翔：每个类型的店都算一个产品，你是对差异化的产品构想感兴趣。

贾国龙：对。我觉得我也有能力，是我的强项。

李翔：但是今天反而你们遇到的问题不是这个层面的问题了，可以这么理解吗？快餐也好，零售也好。

贾国龙：其实还是这个问题，要把那个可复制的模型找出来，然后把它抛在市场上验证到底行不行。行，就继续推，不行，就赶快撤。快餐就是一个一个试，开始觉得行，推到市场上一反馈觉得不行。莜面村是我觉得行，推到市场反馈也行，于是继续推。

李翔：莜面村是一推出来迅速就被市场接受了？

贾国龙：最早是金翠宫海鲜大酒楼改成金翠宫莜面美食村，成了之后，在六里桥做了第一家西贝莜面村，一开业就火，随后开到哪儿火到哪儿，只是从大店变小店了。

李翔：现在的中国堡、功夫菜，就没有像莜面村那样一开就火，有那么强的反馈。

贾国龙：没有，市场的反馈没那么好。

李翔：中国堡刚推出来的时候，你期待的市场反馈也是非常强烈？

贾国龙：开始我的期待是那样的，但它不是那样的。我现在仍然觉得那个菜单、那个模型是对的。现在我们把它变成"高能小店"，其实它真正厉害的是只用30平方米的厨房和吧台，就能把交付能力提上去，能够稳定地、高质量地快速交付，它将来在市场上一定是一个与众不同的快餐，而且一定会有一部分顾客喜欢。

李翔：有没有一种可能是，快餐本身就很难像当年筱面村那样，有足够的差异化、足够的吸引力，一开就火。

贾国龙：现在要做出一个被顾客认可的品牌，难度远远大于过去，原来的竞争强度没这么大，竞争强度小就是供给少，新东西一出来，人们很惊喜。现在人们是见怪不怪，竞争强度太大了，市场上的好东西让人眼花缭乱。东西是好东西，但人们不会感到惊喜。

李翔：是好东西之一了。

贾国龙：对，是好东西之一。

李翔：所以有可能它需要的是那种长劲儿。

贾国龙：对，长劲儿。意识到这点之后，就发现还需要时间。现在有聚焦，但是聚焦到这个点上的强度还不够，要继续加强。破局的时间变长了，原来用1年破局，现在可能需要3年，这是我的一个新认知。

招牌菜决定产品结构

李翔：你有没有那种感受，像海底捞，感觉它也没有像你有这么大的业务上的迭代，没有找第二曲线的迫切愿望，反而它增长得还可以。

贾国龙：它的主业——火锅真的很好，它的新业务是供应链业务，就是它的火锅底料业务（指海底捞的供应链企业——蜀海），还做了自热锅。火锅底料、自热锅，其实还是属于火锅。而且火锅底料也不是只有他们家好，内蒙古呼和浩特的一个企业叫"红太阳"，光卖火锅底料卖10个亿。

李翔：这种现象有没有让你很不爽？

贾国龙：有啊，会不爽，就是总觉得自己没找到那个点。

李翔：自己这么努力，但是看别人好像也没这么努力，感觉也还行，是吧？从外部视角看，它没有那么大的迭代。

贾国龙：现在的海底捞和20年前的海底捞差不了多少。

李翔：但就是增长很快。

贾国龙：火锅这个产品太成熟了，属于成瘾性食物。张勇自己都说："老贾你那几十道菜我看着都麻烦，我就一道菜。"他认为火锅就是一道菜。西贝真是属于复杂中餐。

李翔：是不是有一种可能，因为海底捞一直是在它既有能力的延长线上，所以就做得非常舒适，也不那么费力。而西贝找第二曲线，无论做功夫菜还是做快餐，可能跟过往的能力，无论是组织还是产品，都有一点点跳跃。

贾国龙：正确。进去了才知道，不是过去能力的延续，要重构一种能力，但这个能力构建起来也会补强西贝莜面村。

李翔：现在能看到这种补强吗？

贾国龙：我们对西贝莜面村的信心更大，就是因为这几年做功夫菜，整个研发、生产、交付能力越来越强。比如羊肉，多少年就想在菜单上置顶，想做好产品，但也就只是想想而已，最后就出了个羊肉串，连烤羊排都不能标准化。但是最近烤羊肉作为一个板块不知道怎么就在六里桥旗舰店一下子出来了。

李翔：像这种重要的产品更新，流程是什么样子的？是你决定的，还是怎样的？

贾国龙：我突然想到的，觉得对，然后就试。大家都觉得好，就推开。

李翔：先在某一家店里面试？

贾国龙：对。我们六里桥店作为旗舰店，重装了之后，生意一直没那么理想，原来一年挣1000万元的店，现在变成保本店，因为房租涨了 600 万元。有一家从 2004 年开始服务我们的公司叫"双子",老板大卫说要把烤羊背在六里桥旗舰店卖好。我说烤羊腿,他说烤羊背,我就说烤羊背加烤羊腿吧,于是他们就做了个烤档。

董俊义有一次分享说烤羊腿、烤羊背多好吃,我就去吃了一下,一吃觉得不对,老、干、柴。我就去看他们是怎么烤的,发现是用吊炉烤。吊起来烤这个烤法肯定不对,我就把烧烤师傅叫过来,我说:"老吴,你原来的烤羊排、烤羊背那么好吃,现在怎么把这个肉烤得这么老、干、柴呢?你还按原来烤羊背的办法,把羊的各个部位,下边煮上边烤,而且用传统烤箱,不要用吊炉。下边煮,芹菜、胡萝卜、洋葱、辣椒铺满了,浇上你吊好的汤,然后上边是羊背、羊排、羊腿、羊脖子、羊肚、羊心、羊肝、羊肺,把羊的各个部位全部铺到盘子里边,按最早烤羊背的方法烤。我明天要来试。"

第二天正好我们在那边有个小型会议,开始还要用品鉴会的形式,我说:"不用,就摆在这个地方让大家吃,一盘一盘往外端。"80 个人,9 只羊一抢而空。这一下找到感觉了,然后在这个基础上开始优化,这才是我们西贝的烤羊,要嫩,还要香。如果不是下面煮、不带汤边的话,吊着烤,就把水分全烤干了,羊肉最怕又老又干又柴,把所有的缺点都暴露出来了。

李翔:它会是一个什么级别的产品,是跟之前牛大骨一个级别的产品吗?

贾国龙：牛大骨也是我想到的。我最早是在鄂尔多斯一个专门卖牛大骨的小饭馆里吃到的，这个小饭馆就是到屠宰场收牛骨头，人家把肉剔了，它把剩下的骨头收回去，然后搞一个超大的锅，满满煮一锅。人们去了之后，给每人发把刀，从骨头上剔那一点儿没有剔完的肉。我去四子王旗，有个老板请我吃饭，就请到这个小饭馆，一大盆牛骨头，吃得特别爽。

我就把研发师傅叫上，我们一起评估之后就决定：我们西贝要上一道菜，就叫牛大骨。他们就开始收原料。四子王旗那家店是在冬季，也就是屠宰季的时候，一次性把牛大骨收好，冻在冷库卖一年，我们是跟中国多个屠宰场联系，内蒙古的、东北的、陕西的、甘肃的，只要符合我们的标准就收上来。然后我们又分了9个部位进行采购、售卖和优化，最后觉得是好产品，把牛大骨档口植入莜面村里，成了西贝的第一招牌。销售占比高的时候超过15%，好多人就奔着牛大骨去的西贝。多少年西贝都没有招牌菜，去了西贝好几个菜都能吃，但没有一个能拿得出手的招牌，现在牛大骨就成了招牌，卖了有五六年。

西贝莜面村在六里桥开店的时候有一个顺口溜，叫"五谷杂粮莜面为王，莜面村里羊肉最香"。因为六里桥旗舰店都是包间，可以上大型的烤羊背招待客人，但是后来店开到了商场里边，散台客人多，大型烤羊就点得少了，最后是把羊肉串顶了上去。但羊肉串怎么都不会成为西贝叫客力强的菜，因为只要商场里既有西贝又有耶里夏丽新疆餐厅，顾客就一定觉得新疆餐厅的好吃，人家门口专门有一个羊肉串档口,一把一把地卖,但很少有人去我们那儿一把一把地吃。怎么样卖羊肉都卖得不温不火,这次我们就下决心,要让羊肉超过牛肉。

李翔:它能够代替牛大骨吗?

贾国龙: 不是代替,是并列,牛大骨继续保留。我们做了一个那达慕羊肉美食节,利用这个机会想把羊肉推上去。羊肉的销售占比目标是 15%,争取能上 20%。

在产品结构里,只要有一个产品卖到 15%~20% 的销售额,点菜就特别好点。这样来西贝的人们目的就很明确,吃烤羊肉,吃牛大骨,然后配莜面筋、黄米凉糕,再配点别的。一定要有个明确的菜,能做到人们只要去就想着这个菜。如果羊肉能置顶,那莜面村的菜品结构就非常好了,这就符合了我们最初的设想。

李翔:最初的设想?

贾国龙: 一直就想让羊肉置顶,但置不了顶。我们一直想让莜面桌桌必点,销售占比不低于 10%,但是服务员总是忘了推荐莜面,顾客也忘了点莜面。今年我们打出"健康抓关键、主食吃莜面"的口号,给莜面一个档口,用番茄来做伴侣。莜面其实主要靠伴侣,伴侣好莜面就好。羊肉、牛大骨、莜面,再加上过去的那些菜和儿童餐,这样一来莜面村的菜单结构就特别清晰。

李翔：之前莜面村没有招牌菜，是因为当时你们要主打"道道都好吃"吗？

贾国龙：谁不想一帅九将五十兵？牛大骨有段时间立起来了，算是一帅，但心里边总有不甘，如果是羊肉置顶就更好。其实羊肉比牛肉更有魅力，烤羊如果真的能够置了顶，就符合我对莜面村品牌的想象了。当然草原羊我们本来总量卖得也不少，只是分化成好几个产品来卖。

李翔：所以招牌菜这个概念在餐饮行业里面每个人都要接受吗？

贾国龙：有招牌菜最好，这样产品结构就有了，点菜好点，组织好生产，做好宣传。

"道道都好吃"是菜单上菜少的时候提出来的，那时候我们定的是十大招牌。2014年、2015年的时候，我跟华杉在中关村当代店的包间吃饭，我描述我的理想就是闭着眼睛点，道道都好吃。华总有这个意识，说："这句话好，就这句话，把它作为口号。"

李翔：这句话是非常深入人心的。

张丽平：我们确实也是这样做的，也不是忽悠客人。

贾国龙：还有就是倒逼我们的好吃战略，倒逼我们的师傅做好质量和标准管控。我们还是下过一些笨功夫的。

李翔：单纯拆解菜品的演进也挺有意思。

贾国龙：其实还是围绕产品，想来想去还是围绕产品。

李翔：你们有什么从开始一直持续到今天的产品吗？

贾国龙：羊肉串、黄米凉糕。

张丽平：其实我们最早有几道好菜，烧羊棒、功夫鱼、大拌菜，当时大拌菜真的是每桌必点，有的时候一桌点两三份的都有。

贾国龙：功夫鱼是被我升级弄死的。

张丽平：功夫鱼也有极端的客人，来了三个男顾客，一人点一条功夫鱼。烧羊棒也是，好吃到一个人能吃八根。

贾国龙：但是功夫鱼一到南方就不行了。

李翔：西贝莜面村的客单价，你说要做到150元，对连锁中餐而言它是一个接近天花板的客单价吗？

贾国龙：我觉得是比较舒适的一个价格，再高可能我们的能力上不去，而且受众也一下变小了。

李翔："功夫鱼升级弄死了"是什么意思？

贾国龙：第一是换鱼，一会儿草鱼一会儿鲤鱼，然后一会儿加一点儿辅料，一会儿还想把功夫鱼拿高压锅做，因为它要做4个小时。我觉得功夫鱼最后在北京卖不下去，我是那个罪魁祸首。

李翔:但是往回倒,恢复不就完了吗?

贾国龙:菜要恢复重生的可能性不大。太难了,客人把你忘了。还有黄米炸糕,多么有魅力的菜,到了商场里边,炸糕油烟大,就不让卖了。

李翔:其实莜面村店面的不断升级,对产品也有了更高的要求。

贾国龙:想一想,好些菜成是被我推动的,最后废也是被我废的。

李翔:还有一道菜"缸缸羊杂"现在也没有了。

贾国龙:你知道"缸缸羊杂",那你是我们的老顾客了,好多店都没了吧?但是马上要上"罐罐羊杂汤"。

张丽平:那个白瓷缸在门店里特别难管理,因为它特别容易掉瓷,一碰就碰掉了,为了找到一个好的瓷缸,我们找了多少供应商啊,确实下了很多的功夫,但是始终做不好。因为碰掉了瓷的话,掉在汤里,就是食品安全问题。

贾国龙:其实客人点的频率并不高,就是小众偏好,喜欢的特喜欢。同样情况的还包括炝炒牛心菜。

李翔:这道菜我也很喜欢。所以你们到底怎么决定一个菜不卖了?

贾国龙:末位淘汰是一个原因,还有就是有一段时间分部负责人有权力选菜，他们觉得毛利低的菜就拿掉了，制作复杂的菜也拿掉了，然后赛场容易扣分的菜也拿掉了。

拿掉炝炒牛心菜的原因是，商场店全部停用煤气，只用电磁炉，开始时电磁炉功率不够，火力不够，炝炒牛心菜怎么也炝不起来。因为最早做这道菜是用煤气灶，火力够，炝炒出来才好吃，火力不够的话软塌塌的，就没有锅气。没有解决火力的问题，就把菜撤了。后来开始用大功率电子灶，才解决了火力问题。

李翔：有个关于羊肉的问题，冷冻不会影响羊肉的口感吗？

贾国龙：草原的羔羊肉冻一下反而更好，冻一下，排完酸之后，会有一种新的风味出来，比现杀的还好吃。

李翔：有没有你觉得还挺好的菜品，但没有那么好的反馈？

贾国龙：顾客不认的好产品好像不多。

李翔：我理解莜面村的菜品本身也是要跟店匹配的，所以你的每一代店在升级迭代过程里都会有一些菜必须被牺牲掉，哪怕你认为它很好，有这样的例子吗？

贾国龙：在我印象中好像没有。有一些老菜卖得没那么好了，但没有哪个菜特别遗憾。包括功夫鱼下架，我一点儿都不遗憾。

李翔：功夫鱼最高的时候能够贡献多少销售比例？

贾国龙：至少 10% 的占比。很多人都是要求提前给留条功夫鱼，也有人专门为了功夫鱼去一趟西贝的。

李翔：功夫鱼不能做成功夫菜吗？

贾国龙：试过，功夫菜是冷冻，然后复热。功夫鱼复热之后的口感一般。

李翔：能够占到销售额 10% 以上的菜品，在西贝历史上有多少？

贾国龙：烧羊棒、功夫鱼、面筋、羊肉串，这些都应该占到过 10%。

西贝有两个事儿想了多少年了：一是莜面村要出个单品出不来，都不要到 10% 的销售占比，就是人们喜欢，桌桌必点，但始终没有。二是除了羊肉串，羊肉想出一个大单品出不来，因为我觉得羊肉串不是西贝的原创。

我一直看好凉拌莜面，就是用蔬菜拌莜面，我觉这个菜太好吃了，但它就成不了一个大单品。为什么凉拌莜面出不来？因为被面筋压着，面筋太有魅力了，人们太喜欢了。凉拌莜面和面筋是一个类型的菜。

张丽平：面筋是我们家乡的一个特色小吃，我从家乡走出来这么多年，其他大家喜欢吃的菜，比如烩酸菜、焖面，我就是十年不吃可能也不会想，但是面筋我会想。

贾国龙：去过我们中央厨房，看过我们熬面筋大汤的人都会说：

"这个菜真不贵。"这是用那么多的新鲜蔬菜和那么多的酸菜,熬出来的面筋大汤,它的酸味不是醋调的,就是蔬菜酸,各种蔬菜积酸了之后提出来的酸味,再和新鲜蔬菜一起熬,再加上胡萝卜、青菜、洋葱……

张丽平:汤比面筋贵多了。

李翔:成为大单品,是不是跟价格也有关系?价格必须稍微高一点儿才有可能撑起那么高的收入占比?

张丽平:它有两个维度:一个是销量,一个是占比。

贾国龙:面筋下了苦功,黄米凉糕下了苦功,市场上模仿我们黄米凉糕的有多少?但一吃就知道不行。原因就是发酵,黄米凉糕的发酵工艺很复杂,发酵要恰到好处,把涩感正好去了,让糯感正好出来。还是有 know-how 的,不容易。

研发新菜的权力收回总部

李翔:你们有好几位研发菜品的大导师,你跟他们的关系是什么?

贾国龙:每个大导师都有自己的一个拿手菜。谁定标、谁贯标、谁落标、谁查标、谁修标,西贝在菜品管理上是形成闭环的。这一点我觉得我们是带头的,这么多复杂中餐的店,还能把菜品做到标准一致,同行佩服西贝就佩服这个,我的菜全国各个门店都一样。

李翔：主要的创意还是需要你来驱动吗？还是他们也会出创意？

贾国龙：以我为主。比如香椿莜面，这个菜是我发现的。我们去西安，西安的经理跟我说："贾总，我给你吃一个菜——香椿拌莜面，特好吃。"当时正好是香椿季节，我一吃，立马说这菜有大单品相，全国推。看出它有大单品相，这是我的一种直觉，其实也是一种天分，然后就开始全国推，果然就推成了。

这是我们一贯的方式，发现它有大单品相，就开始对它重点投入，就跟明星一样，就是该给他换衣服，给他单独讲故事，给他配资源，必须把他推出去。

包括白兰瓜，我去敦煌的路上，看到路边在卖白兰瓜，我一吃，觉得这个太有特点了，就开始把白兰瓜纳入西贝的采购清单。你知道选白兰瓜多难吗？到了这个季节我们的采购就在瓜地，提前跟农民定要采多少，然后一颗一颗挑成熟度。太熟的瓜皮太薄，运输过程中容易坏，太生的到了门店甜度不够，就是要挑成熟度刚刚好的。而且我们是用冷藏车运到全国各地的，运瓜基本都是敞篷车，只有用冷藏车才能恒温把熟度正好的瓜发往全国。每年就卖一季。

李翔：香椿拌莜面当时已经在西安店里售卖了，还是单独给你做的？

贾国龙：那个季节已经在店里边卖了，因为我们西安分部的负责人是厨师出身，他有创新和研发菜品的意识。

李翔：那其实当地分部的负责人是有一些上新菜的权力的？

贾国龙：最早有，现在只给西安开放了研发的权力，因为他有这个悟性。

香椿拌莜面卖得好还有一个原因是装了一个大碗，那个大碗是当年做西贝燕麦工坊的时候用来装燕麦面的碗。当时是我和太太在日本排队吃乌冬面的时候发现的，我拍了照片发给我们设计师，我说这个碗好，我要用来上我的燕麦面。设计师就按我的照片跑到景德镇去烧碗。燕麦面那个项目没成，但是这个大碗用上了。没有那个大碗，香椿拌莜面也不会卖得这么好。

李翔：那就是到现在为止，只有西安可以自己决定上新菜。

贾国龙：目前是只有西安，有什么新菜可以反馈回总部，我们觉得不错可以推广。其他分部负责人手闲不住，也想加菜。但是过一段时间一看，他们加的菜我根本看不上。曾经允许过他们有10%上新菜的权力，比如50道菜允许他们开发5道，30道菜允许开发3道，随后就把他们的这个权力剥夺了。

张丽平：在成都刚开店的时候，他们要加上鱼香肉丝，说在成都必须得有当地菜。

李翔：上了吗？

张丽平：没让继续做下去。

李翔：后来不允许大家按照10%的比例上新菜是什么时候？

张丽平：三代店越来越多，基本上就锁定菜单，全国统一。

贾国龙：有的分部负责人总觉得自己可以，但是我去了一吃就发现不行，连边界都完全没了。

李翔：所以企业家精神刚萌芽就被你按下去了。

贾国龙：企业家精神不是只创造不同，而是要创造不同的好。得跟我的品牌气质合，能融在菜单里，跟我的菜形成互补。有这个意识的人不多，大部分人就是乱上，他喜欢吃的就上，自己还有理。新上一个菜就把别的菜的位置给挤了，而且分部负责人是他上什么菜，他就主张推什么菜。

李翔：所以相当于你们把创新的权力收回了总部。

贾国龙：对，尤其现在总部的研发能力越来越强，现在研发全部收到了首钢一楼和六里桥旗舰店这两个地方，全在我眼皮底下，那我就更好管控了。

体育精神是做企业的能量

李翔：上次聊到我们都认识的一个人曾经被大学除名，但是人家后来也做得特别好。我就想起来你也是大学没读完出来创业的。你是自己退学的还是被学校除名的？

贾国龙：我还真是自己退的，而且我退得很难。3月份就打申请，学校为了留我，从班主任、辅导员到系书记都找我聊，系书记最后一次找我谈完话，说这孩子没救了，才把我放了。我最后就不上课了，每天就在宿舍里，那时候老师特别负责任，说："现在考个大学多难啊，你怎么就不上了，上完不行吗？"后来还建议我本科转专科，因为是学分制，有多少学分就可以转，但是要找系书记才能批。我说："我不读就不读了，转什么专科？"就退了。

但是大四的时候，班主任突然给我打电话，说："你回来一下，你的名额其实一直没给你销，一直在，现在学校只要有一个人给你说话，你就可以拿个专科毕业证。"我还真跑回去了，在宿舍又住了两个月，那两个月同学们基本在写论文，我就天天跑到东北财经大学听讲座。班主任帮我协调，找系里和学校的领导，找了之后觉得好没意思。那是1990年的事了。

李翔：那两个月就没照顾生意了？

贾国龙：打电话嘛，请人帮我管。想想也挺有意思的。

李翔：那么小年纪就那么坚定要退学创业？

贾国龙：也不是，是明知道自己读书没优势，读不进去，也不喜欢。感觉好无趣啊。而且那时候的课本也陈旧，条件也不如我们高中好。我们高中是省重点，条件很好，去了水产学院做物理化学实验，我说这连我们高中都不如。我们高中是很牛的学校，最早是傅作义办的,1942年建于陕坝①,幼儿园、小学、中学都有。但大学就是自由,学校就在海边,我们开玩笑叫"大连青年疗养院",临考试之前糊弄糊弄。真是没劲儿。

李翔: 你后来还回过学校吧?

贾国龙: 经常回,只要去大连。但我们的老师大多都离开了,学校后来的名字改为大连海洋大学。大连那么多大学,只有水产学院在海边,所以我住了两年海景房。我的专业是渔业机械,我们好多同学都上了船、干了捕捞。有过这个经历就行了,我也上过大学,自己考上的。

我如果从小学开始,一直在县里边正儿八经读书,不间断,我肯定能考清华的。小时候最不怵的就是考试,结果高考把我难住了。我们初中200多人,我全校第一。主要是小学和初一这两段的英语就被彻底耽误了,怎么补也补不上。两年高考,我英语分别考了52分和51分,我们班除了我之外,随便一个人就能考70多分。

其实也是投入不够,初中之前靠点小聪明,临考前突击一下上了高中,高二之后就突然发现不行了。高考的时候大家都点灯熬油地拼,我拼不上去。

李翔: 你们高中应该也是要考的吧?

---

① 今巴彦淖尔市杭锦后旗陕坝镇。

贾国龙：是。我们高中是巴彦淖尔唯一的内蒙古重点中学，都是从各个旗县考过去的。我是以临河二中中考第一名的成绩考进去，200多人就考过去三个人。我小学升初中的时候，在全县也考了第二名。

李翔：所以以前也是学霸。

贾国龙：但是从高二开始就怵考试了。神经衰弱，晚上睡不着觉，白天萎靡不振，同时自己打排球打得不管不顾，很高兴。我这样的身高，打到学校的主力二传。我还挺佩服自己上了球场的表现，一上场就兴奋。体育精神反而给我做企业很大的能量，就是更高、更快、更强，上了场就要赢，这对我看待企业竞争有影响。我现在把什么东西都当游戏，就跟打一场排球是一样的。

我的一个特质就是容易痴迷，对一件事一旦痴迷起来就不管不顾。那时候中国女排五连冠，我一天到晚抱着收音机听女排的比赛，然后开始练排球，喜欢上之后不管不顾，学习、吃饭、睡觉都不管了，就是练球。高中时候看电影是很重要的活动，一个学期两次，到旗里边的影院看电影，学校组织。他们都去了，我一个人抱着排球在后操场练球，就是为了进校队。我们一个同学的爸爸去看他，他就跟他爸说："现在贾国龙不学习，每天就打排球。"他爸就回去找我爸，说："你赶紧去管管你儿子，现在不学习净打排球了。"我爸还真来了，但也没办法。

图 3-3　1988 年，读大学二年级的贾国龙决定退学，回老家内蒙古临河开饭馆

企业有学校功能

李翔：做企业 30 多年，你们觉得营商环境最好的时候或者最舒服的时候大概是什么时候？

贾国龙：我自己觉得经济要有一定的灰度，地方政府要有一定的自主权，如果一切按条条框框办会有两个问题：第一是条条框框有时候还没有制定出来；第二是每个人对条条框框的解读不一样。过去办事看先例。没有先例，看看别的地方有没有，如果有先例，是被认可的，那就按先例办。我觉得特别有智慧。

改革开放初期，其实都是大家伙蹚路，去蹚出最佳实践。有了最佳实践，大家就参照最佳实践做。这个办法特别好，效率特别高。有没有错？也会有，有错再去纠。

如果全部改成严格的条文制度，同样的条文不同的人解读不一样，谁也不想犯错，那效率太低了。

李翔：其实回头看的话，1990 年、1991 年非常难，1997 年、1998 年也非常难。

贾国龙：那时候是难，但人们在积极地想办法，政府在想办法，企业家在想办法，所有的人都在想办法。我对国家的认同度是很高的，我是发自内心地认同，从没想过移民。别说往国外移，我连往北京都不迁。后来我因为纳税可以办北京户口，但我还保留内蒙古的户籍。

张丽平：我们的身份证上是有蒙文的。有一年说有这个机会，要不要办北京身份证，我突然想，换了北京身份证上面就没有蒙文了。(笑)他就说给那些年轻的、正好家里有孩子需要上学的人办。

李翔：贾总有办教育的想法吗？

贾国龙：我自己办学校办了十几年，烹饪学校，后来停了，交给政府办。办得不温不火，不尴不尬，投入精力和资源也不够。我现在觉得企业本身就有学校功能，训练的是自己的干部和员工。办企业之外再办学校的这个想法没了，我以后也不办了，不是我们的强项，就想想怎么能够把企业办得有育人的功能，就够了。

李翔：你们当时办学的想法是什么？

贾国龙：就是为了有厨师可用，自己办烹饪学校。但越往后越找不到感觉。

李翔：学校最终没有很好地做下去，原因是什么呢？因为好多人其实都对教育感兴趣。

贾国龙：其实是我把我的理想主义放下来了。"做教育要有理想主义"，这是一个台湾朋友第一次见我的时候说的。我记住了这句话，我还是有理想的，也做了15年，2023年我把那个理想放下来。我就把我的企业当学校，事实上它就是个学校。

李翔：我相信很多人，包括你在内，开始办学校，一定是对教育这个事情本身是有想法的。

贾国龙：对，我也有想法，后来发现自己那些想法也很幼稚。企业本身就是个学校，你把人招进来，好好地训练他、要求他、规范他就行了。十几年投入的精力足够、资金足够、心思足够，后来觉得继续办下去的意义不大。不能为办而办。

李翔：有挫败感吗？

贾国龙：没有挫败感。我关过多少店，哪来的挫败感？不就是错了嘛。只是觉得这个事儿不办了，要画句号，而且一定要把句号画好，不能够留任何后遗症，不能让人认为西贝学校骗学生。

咨询是企业家的日常

李翔：新的想法，你跟华杉他们交流过吗？比如小饭桌这个项目。

贾国龙：提到过，但那不是他们的服务项目，他们只服务西贝莜面村。新项目实际上跟谁交流的最终结果都是抬杠。大家想的不一样，从该不该做就要抬杠，怎么做又要抬杠。尽量回避抬杠，抬杠没意义。

李翔：那过程里如果你要思考可能出现的漏洞，你跟谁讨论？

贾国龙：一线人员，谁具体操作这个事儿谁有感觉。还有顾客，看谁在吃、谁在做。一线人员的分享非常真实，非常接地气。有时候高职级的人没话可说，因为没事可干。一线人员是干活的，干活的人每天描述他干的事情，说我所做，做我所说，每个人都有感觉。

李翔：没有人说贵吗？

贾国龙：也有，永远都会有人说贵。我开了35年饭馆，从开饭馆第一天就被骂贵，一直到现在。多少人说西贝的东西就是贵，但好，他还愿意来。牛羊肉本来就贵，咱们是良心品质良心价，最后取得良心利。不贵能挣上钱也可以，如果挣不上钱，那我就不是一个成功的生意人，做的不是一个成功的生意模型。

李翔：开饭馆30多年，大家一直说贵，是因为它确实贵，还是大家感觉贵？

贾国龙：别在贵的问题上较劲，要想的是，努力做好，配得上贵。

李翔：这个过程中，肯定会有人用价格来跟你竞争，做同类的产品吧？

贾国龙：也有，但最终低价竞争不过高价，一定是相对高价的胜，低价的退出。小肥羊的退出和它的低价有关系，海底捞的胜出和海底捞的高价有关系，海底捞比小肥羊至少贵30元。贵是良性循环，虽然贵，但是好，赢利就是良性循环。

李翔：对公司是。

贾国龙：对整个生态也是良性循环。便宜你要能实现好也行，但几乎不可能，一分价钱一分货。

李翔：你做不同餐饮品类的过程里面，有没有人用比你便宜的方法做相似的事情，打败过你？

贾国龙：打不败我，狭路相逢最后肯定他输。同样是西北菜，在南京市场，有一个品牌就比我们便宜20~30元，只要在同一个商场里，做着做着它就退了。快餐咱们再继续观察，这是另一条赛道，我现在不想下结论。但我相信各有各的生态位。分类分级，先分了类，然后分级，每个级上都要有一个生态位，无非就是规模大小。

李翔：你们历史上一共用过多少家咨询公司？

贾国龙：不止20家。我们一来是参加各种培训多，集体培训花的钱多；二来是请咨询公司多。

张丽平：西贝在咨询业肯定比在餐饮业有名。

贾国龙：尤其在培训界。很多培训老师都说西贝是我们的学生，贾国龙是我的学生。我们报的班多。以前都是大面积报名的，交过千万元以上的就至少有三家。

李翔：这种爱好是从什么时候开始有的？

贾国龙：我在临河做生意的时候就总出来学习，参加这个培训那个培训，那时候还没有找咨询公司，但是爱听课。1997年就开始听刘光起的课。那时候住酒店打开电视，刘光起在讲课，我听了一下，觉得老师的课讲得太有意思了，于是就报名，专门来北京听课。刘光起的课我至少听了3遍。

张丽平：他的课叫"A管理模式"。

李翔：你在临河的时候，出去听哪种类型的课多？

贾国龙：其实就一个方向，和企业管理有关的。

李翔：当时你们临河还有其他人这么干吗？

贾国龙：没有，我一个同班同学，我给他报名让他去听，他都听得睡着了。

张丽平：我觉得在那个年代，尤其学历比较高的人，根本就不会想到这辈子还要付费参加学习，就觉得已经学到不用再学了。

李翔：大部分人可能会认为做企业这个事情，实际操作的人更有手感，不会去听外面人的建议。

贾国龙：好课程都报得满满的。爱学习的是一类人，不爱学习的又是一类人。

张丽平：很多学习班都是重合的学生。

贾国龙：请咨询公司是企业家的生活方式，参加培训也是企业家的生活方式。不过我现在听课也减少了。现在耗时间的事能不做就不做。我觉得深度切磋更有价值。现在听课，感觉是非常浅的链接，因为老师不会讲得太实，点到为止。

李翔：年轻时候对时间可能没有那么敏感，对学习更看重。

贾国龙：对，现在我对实践、对我手上的几个事儿比较上心。我觉得这对自己的认知提升，比听老师讲课的效果更好。学以致用，现在就好好用，在学上稍微克制一点儿。去参加这些学习班，碰到的都是做企业的人，后来发现真正能被我吸收的东西越来越弱。

李翔：开始的时候会很强吗？

贾国龙：强，非常强。

李翔：开始的时候你要听完讲课，会感觉对做公司、做管理有帮助？

贾国龙：对，好东西马上就能用。现在越来越觉得经过自己琢磨、消化，可用的东西不多了。在厨房转俩小时，反而觉得太有收获了。

李翔：看来参加学习班也是边际收益递减。

贾国龙：现在是跟一线的操作人员学习。一线操作人员真是有一线的智慧，那是我要补的经验和知识。早晨我去沙漠基地看完之后就琢磨，一定是把一个帐篷收在一个箱子里，箱子里有所有的东西都是标准件。将来拓展的时候，拆箱搭帐篷就是一个功课，用完了收回箱子里又是个功课。户外用品不像酒店要一客一洗，但是脏了当时就要有清污的办法。要做到效率极高、成本极低、体验极好，把拆和装变成拓展培训的一部分。出去露营，所有的装备都在自己的箱子里，教练指导拆箱、组装、搭帐篷，晚上用。第二天早晨收帐篷、收装备，又是拿一个箱子回来。不能让工作人员一个一个去装，效率太低了。

现在越来越不会讲大道理，但讲这种具体的事儿，我超有感受。

热爱是成功的要素之一

李翔：你们用了那么多时间学习，今天做得还不错，这两者之间有因果关系吗，还是只是两件同时发生的事情？

贾国龙：有。

李翔：有那种我也很爱学习，但最后没做好的吗？

贾国龙：也有学废了的，不学还好，学了把企业搞废了，这样的人多了。那就是学以致用的能力不够。

张丽平：还有看不上自己做的这点事儿的。

贾国龙：学习完之后回来就瞎折腾。我是折腾，没有"瞎"字儿。（笑）瞎折腾的老板太多了。

李翔："瞎折腾"和"折腾"的界限在哪儿？

贾国龙：有效性。我觉得就是看结果，没学到要领，用的时候没用对。

李翔：班上各个行业的人都有，有些行业确实是很容易把规模做得很大的，你会受刺激吗？

贾国龙：没有。我对这个行业超级喜欢，对我选择的事儿特别有信心。选对了就这么干，慢有慢的好处，慢有慢的乐趣，我们将来会大的。

我总能找到理由说服自己。就像我说天下还有比七十亿张嘴更大的矿吗？早些年在内蒙古，你要点矿、要块地做房地产，干什么不行？那时候我是有这个条件的，大家都来鄂尔多斯开煤矿、做房地产，但我坚决不干。这是第一，行业不变。

第二，行业里边我选择做什么。内蒙古的火锅是羊肉火锅，那时候我们也可以做呀，我也评估过，做了也不差，但我不做，我就觉得莜面好、复杂中餐好。我喜欢这个游戏，我能控制住。

还有学别人学到最后看不上自己生意的，我们这个行业看不上自己的人太多了。我们有个朋友，人又聪明，长得又帅，打高尔夫能打七十几杆,但就是看不上自己这点生意,觉得餐饮业就是伺候人,每天都烦。每次碰到他,他都是抱怨团队的人不行、政策不行、这个行业不行。反正他就是什么都看不上,最后好像把公司卖了。

30年前我们在临河还有一个朋友,在当地的理发手艺绝对排得上第一,人也长得精神,手艺也好,老去广东学习,也是看不上自己这个行业,觉得就是服务人、收拾头发。他把自己这个活儿看得低,所以最后也没干好,干着干着也不干了。

怎么能自己干什么又看不上什么?不是说爱一行干一行,一定是干一行爱一行。

李翔:这也很奇怪,如果不喜欢这个行业,开始怎么会进来,而且做得还不错?

张丽平:这本来是个手艺行,但是当他达到一定水平的时候,他觉得好像别人看他的眼光要有所不同。

贾国龙:我开饭馆的前十年,我爸也是对餐饮行业各种担心,说:"你看你这个同学工作多好,做设计装修,你看你开饭馆服务人。"我爸跟我说了好多,就是说我这个行业没选好、没选对。他就认为,开饭馆不是一个好行业。刚开始那几年,他还给我介绍他的朋友,做羊绒的,看人家多挣钱,让我跟着当徒弟学习。我去了一天,我爸那个朋友做得非常好,但我跟他一聊,我心里边就想:你这个我不喜欢。

李翔：您父亲还有这么多做生意的朋友？

贾国龙：我爸是大夫，各行各业都得找他看病，而且我爸是水平不错的大夫。

一步一步开饭馆

李翔：我不知道是不是你开饭馆可能跟其他人不太一样，很喜欢这个行业，是因为你可能从来没有像他们那么辛苦过？

贾国龙：我怎么不辛苦？开小饭馆可是从早忙到晚。我俩开饭馆能忙到什么程度呢？生意好到晚上10点以后回家，就觉得今天我俩是不是忘了什么事儿。仔细想，原来是没吃饭，一整天一顿饭都没吃，忙忘了。然后两个人又跑到临河区影剧院广场，赶紧找个蒙古包进去要一碗羊肉汤、两个羊肉串，吃完才回家睡觉。我们都是从一线辛苦做出来的。

张丽平：当时办婚宴的多，有时候他半夜突然起来，说店里头忘了布置什么东西，就赶紧起来回店里弄。

贾国龙：真的是辛苦做出来的。鲜血、劳苦、眼泪、汗水都有，还要处理客人喝多了打架的事。

张丽平：每天都是满身的油烟味。

贾国龙：自己都闻不到自己身上的味道。那时候洗澡条件又不好。

张丽平：我原来说话声音不是很高，后来厨房鼓风机声音特别响,就得喊,不喊他听不见,所以说话嗓门越来越大。原来也不怎么着急,后来就变得总急,每天有各种急不完的事儿。

贾国龙:我真烦过这个行业,1993年烦过一段时间,就想躲。我估计跟我爸那时候给我灌输的暗示有关系。刚开始有几年总跟我说:"你这是干了个什么行业啊。"

李翔:我记得你说你在店很小的时候就请人来管店。

贾国龙:对,我是不爱当经理,但不影响我在一线。我不是永远钉在店里边,因为老出差,老在外边学习,这是到现在一直没断的习惯。一个事钉一段时间,就跑出去充电,然后回来再放电。

李翔:我还以为就是个甩手掌柜,定下战略,然后交给其他人。

贾国龙:不是,我对一线的事儿超有兴趣。后来我在韦尔奇[①]的书里看到一个理论叫"深潜"。所有的部门,首席执行官一定要去深潜一段时间,搞明白再出来。通用电气的所有部门,韦尔奇都深潜过三五天,而且非常具体。比如去研发部门,他要看研发部门在干什么,如果正在研发这把壶,他就跟研发壶的小组深度泡几天,搞明白他再出来。

我也喜欢这样,一定要把一件事搞明白。所以对具体工作我是有感受的,我不会说你怎么这么差劲,苍蝇问题就是解决不了,我

---

① 通用电气集团原首席执行官杰克·韦尔奇。

会跟你研究苍蝇问题应该怎么办，你的这个方法对不对。帐篷也一样，帐篷营地我每次都去，一次一次优化到现在，我也找到感觉了，最终一定要把它收纳成一箱，而且一定是标准件。

厨师管理要严苛

李翔：我见过一些开餐厅的人，尤其在早期的时候，他们会讲最头疼的问题之一是管理厨师团队。

贾国龙：这个我是最不怵的，因为我知道厨师根本不是卖手艺。一个好厨师只要离开好组织，一年之后手艺就荒了。厨师都是卖企业标准。西贝总厨级的大厨，当时都是一号位，废了4个。有的是因为外边给的条件高就走了，有的是自己开始出现各种毛病，比如当了总厨之后不服管，收徒弟的"好处"。废过的4个总厨，几年之后在江湖上就没地位了。那可曾经是西贝的总厨呀。

所以就是要严格要求，标准要高，要时时刻刻敲打，只要一年不敲打自己就滑坡了。我经常刺激厨师："来，打开袁枚的《随园食单》，里边是怎么描述你们厨师的？对厨师的描述地位很低，都是普通人，你只要一日不加鞭策，很快就会变得平庸。[①]"

李翔：早期他们面对的特别重要的问题之一，就是厨师负责采

[①] 袁枚：厨者，皆小人下才，一日不加赏罚，则一日必生怠玩。

购，很容易出现钱的问题。你们遇到过这种问题吗？

贾国龙：遇到过。不管大事小事，只要一沾，就开除。我们首先给够待遇、给够爱，然后从严要求，优胜劣汰。厨师只要有吃回扣的、收徒弟"好处"的，就开除，一个不留，不管他多高的手艺，马上再扶一个上来。后来起来的厨师，一点儿不比前辈们差，甚至比他们还好。因为更年轻的厨师知识结构好，又上进，体力也好。

李翔：我理解是因为现在西贝厨师团队的人才储备足够了，在你们早年，遇到这种问题不会很头疼吗？

贾国龙：不头疼。管人我真的是强项，而且我脾气也大。就像一个好教练带运动员，带得好，运动员就骂不走、打不走，能力还很强。

李翔：比如可能整个团队就是主厨建立的，但是又发现他有收钱的问题。

贾国龙：我不头疼，厨师长要走，马上走，他的徒弟想带谁带谁，谁想走就走。留下的我好好待他，要走的我欢送。绝对不会怕厨师走。他们想走全走，马上走。这种态度，反而他不走了。因为我是真的对他好，他跟着我，咱们一起好好干。他如果有毛病，别拿手艺要挟我，他要挟不了我。

李翔：食材采购上可能出现的问题，有办法避免吗？

贾国龙：靠管理堵漏洞。但有的时候还是靠自觉，有的漏洞就堵不了。

李翔：我听说在餐饮行业，尤其是小餐厅，这是一个非常普遍的问题。

贾国龙：对。我们当年在临河的一帮厨师，主要有两个毛病：第一个是腐败，第二个我们当时叫"作风问题"，到处交女朋友，在老家有家庭，但走到哪儿女朋友交到哪儿。我们坚决不让这么干。我们现在给研发团队派人力政委，就是防两件事：第一是防腐败，因为他们可以随便花钱，这个中间漏洞大；第二，不允许有生活作风问题，有的话，走人，丑话说到前面。这完全属于文化范畴。我们还是小公司的时候文化就特别正，发展大了之后反而有时候不太好管，因为人多了。这些事情就是说在明处，低级错误一个也不许犯。西贝带起来的这些大厨收入很高，人都很正。

张丽平：现在越来越强调主厨地位，还有主厨餐厅，其实这些人除了真的手艺好，就是综合素质高，方方面面都不差，然后他们才能够成为主厨料理一家店，才能够有那个地位。

李翔：厨师之间本身会有一个网络圈吗，大家互相帮助、互相引荐，很团结，这会不会对餐厅有某种影响？

贾国龙：我们不允许包厨房。包厨房是老板实在不懂，就外包给厨师长。包厨房肯定管不好。

李翔：一开始就是？

贾国龙：一开始就是。厨师这事我懂，不是多复杂，他不干他走，我再请别人，我自己干也行。不是说我不懂，他想干什么就干什么，他想怎么干就怎么干。

李翔：但是你从来没有自己干过厨师吧？

贾国龙：我还真不会做菜，但是我给厨师讲课，挑他们毛病，一挑一个准。我是食客，我代表顾客行不行？

张丽平：他曾经在家里熬小米粥，能把厨房所有的工具都用上，包括那个笊篱，捞饺子的笊篱，我就想熬粥为什么会用到这个东西呢？（笑）

贾国龙：我是真不会做。但菜怎么创、怎么组合，我用嘴来说，说得还特准。好多新菜都是我告诉厨师，我描述给他们，做出来还特好。其实也是一种设计，是我作为一个爱吃的人对菜的想象。

李翔：所以熬小米粥的时候也创新了一下。（笑）

贾国龙：后来发现熬小米粥真有技术。（笑）我做饭是手头有啥用啥。我原来在呼和浩特的厨房给他们做饭，不管什么菜我只用酱油和醋就够了。不放盐，因为我知道酱油里边的味道全够，咸味儿、鲜味儿、酱味儿都有，然后再喷点儿醋，如果想要点辣，花椒和辣椒就够。好多厨师菜做得不香，是因为各种调料放多了，盐放多了也不行，油放多了也不行。还有我对原料比较挑剔，好羊肉就用白水煮，倒点酱油就好吃。酱油比醋还重要。

李翔：所以你们家厨艺最好的是贾壮壮①是吗？

贾国龙：壮壮是真懂，壮壮做饭那是真的好。他也见过好的。不是做得多，是见得多、吃得多，那一出手是不一样。

张丽平：他会，他也懂，而且他下功夫。上次他要做一个菜，需要半夜起来看着，他就看了一晚上。

贾国龙：我就信了那句话：富三代懂吃，富一代懂穿。吃比穿难多了。你看中国人现在普遍穿的都很好，服装业很发达，但是要把饭做好，好难啊。

李翔：那你会指导壮壮怎么做饭吗？

贾国龙：我会向他请教。一些传统菜我还是有经验的，新的我没见过的我不知道。但我会建议他组合什么东西进去，可能会受顾客欢迎。

李翔：他对你做的中国堡、快餐这些事情感兴趣吗？

贾国龙：完全不交流。但他喜欢吃，我们有时候打包给他，他吃了会说不错。我其实特别在乎这个"吃得住"。吃得住就是吃后舒服，只要吃了以后胃不舒服，那就是短期的刺激，不舒服就是吃

---

① 贾国龙夫妇的孩子贾钰坤，小名壮壮。

不住。这是原理性的东西。就像我现在说管理，就是效率、成本和体验。咱们别的不扯，就是效率高不高，成本低不低，体验好不好。

2020年时认为要限制莜面村发展

李翔：你们在2020年制定2030年西贝业务战略目标的时候，还没有新业务？

贾国龙：初步有了，当时有功夫菜业务、西贝莜面村，还有弓长张，一个快餐业务。其实结构是一样的：快餐、零售和莜面村。也是在过程中调感觉，开始时对莜面村限制发展，不开新店，垂直往上打，现在变了。

李翔：限制发展的主要体现就是不再开新店了？

贾国龙：对，就是不给它配资源。

李翔：为什么2020年的时候会认为莜面村需要限制发展？

贾国龙：当时其实是把快餐和零售的难度想低了，总觉得快餐要快速发展，零售那种大研发、大生产、大销售也要快速发展，所以建工厂等步子迈得很大。但是上手一做才发现，我们低估了那两个业务的难度。莜面村是在过程中不断优化，它的新可能性就出来了，儿童餐表现很好，外卖表现也很好，然后董俊义团队又执行得特别好。快餐和零售两个业务受阻了，同时又觉得老业务还是有价值的。其实就是头脑发热，往那边偏，这边要限制、按住，不给配资源。

李翔：莜面村当时是有什么瓶颈吗？

贾国龙：我觉得不是瓶颈，完全是我的认知局限。

李翔：其他人呢？

贾国龙：其他人的认知更局限。这种事情别的人都不知道该怎么表达，说不出什么来，不容易说到点上，都谈不上说服，比较有质量的讨论都不太有。经理人平时不操那个心，比如看市场机会，他当然也有一些直觉，但主要就是把手头这点事儿执行好、把生意做好。公司真正操心战略的人，可能就是我。外部的人，当我的业务抛出去之后，一些投资机构的人会觉得这个不太靠谱，想得太大，这种声音是能听到的。内部的人，就是不同的位置操不同的心。

李翔：一个事业部的首席执行官，肯定也会想这个事业部未来会怎么样吧？

贾国龙：现在鼓励他，让他开始想。两年前董俊义绝对不会想这些事，当时首席执行官还不是他。这是我的一个认知，人其实是屁股决定脑袋，坐在什么位置上想什么事。不同位置的人，见的东西不一样，境界不一样，思考角度就不一样。团队内部的人，大多数都是想自己位置上的事儿。

李翔：但是你的想法也是需要被大家接受和认同的，需要有一个途径。

贾国龙：接下来我们在沙漠基地开3天会，主要目的是达成共识。讨论不是目的，讨论是形式，目的是让我的想法被大家认同，这是关键。但也不是假讨论，是真讨论，是大家经过讨论和思考的。我的东西抛出去之后，会有各种声音，但最终是为了共识，共识是为了执行的时候效率更高。

李翔：那我理解，也是一个需要你以某种方式去说服大家的过程，是吧？

贾国龙：也可以这么理解。我不相信集体决策，但我相信良性互动。我相信领导者做决策的时候要有良性互动，要充分听到各种声音的反馈。集体决策这个事儿我认为是个伪命题，决策就是一个人的事儿，但是集体讨论可以。

李翔：确实有一种观点认为，集体决策其实是推卸责任，我不需要为结果承担责任，因为是大家集体决策的。

贾国龙：集体可以有讨论的过程，大家各种讨论，但最后决策就需要人拍板。总要有人拍板吧，三个方案得定一个。彼得·德鲁克说："决策不是对与错之间的选择，是三个对之间选哪一个。"最终你总要选，首席执行官总要拍这个板。

李翔：你做决策的过程是什么样的？

贾国龙：自己去想，然后也会用眼睛看、耳朵听、鼻子闻，尽可能穷尽信息。但还是有限，认知有限，看到的有限、听到的有限、嘴巴尝到的有限，最终一定是在众多有限的情况下，做出一个有限决策。

李翔：在2020年，你说要限制莜面村发展的时候，接触到的信息是什么？

贾国龙：我现在都回忆不起来了。就在当时的现实情况下，在我的认知和得到的信息下，做出了那个决策。

李翔：但那个决策提出来之后，理论上不应该是有很多人提不同的意见吗？

贾国龙：那是理论上，但就是没有人提不同意见。

李翔：你们接触到的投资人就不认同。

贾国龙：他不是我们的投资人。

李翔：是接触到的？

贾国龙：接触了，但不是我们的投资人，他说了不算。投资人有时候是什么都不认同，他有一套他的固有认知。如果是我们的投资人，是我们的股东，那我得在乎人家，股东的话得很在乎。

我们那时候准备上市,所以来了好多机构,我们描述完之后,他们就开始各种质疑,我就不和他们聊了,我说:"你们等等吧,我们做做看。"质疑永远有,我也会质疑别人,比如我质疑我下边的干部,他说要这么做,我也会质疑他。但最终能不能做成,拿事实说话。

李翔:接触投资人也是在2020年的时候?

贾国龙:对,那时候频繁地接触。因为当时所有人都想投资西贝,一听说西贝要上市就通过各种方式约我。

李翔:大家比较普遍的质疑点是什么?

贾国龙:新业务没做出来,你说什么我们都不信,我们不听,你是在讲故事。其实我那时候也不需要钱,我们原本定的是2023年开始融资。等我们业务越来越清晰的时候,我就能跟这些投资人实实在在地去谈。

李翔:当时来的投资人应该主要还是冲着莜面村来的。

贾国龙:冲着西贝来的。莜面村是基础业务,肯定看重,但是我们也有新业务。冲莜面村来,我作为首席执行官,我对莜面村的想象没那么大,但是他们也没想那么大,没有一个人说,你做莜面村,我投你。投资人太"狡猾"了。而且真正有料的,能够对战略形势看得清清楚楚的投资人不多。

李翔：所以红杉、高瓴你们都接触过？

贾国龙：都接触过，我亲自见的沈南鹏，亲自见的张磊。我描述完西贝的未来之后，张磊当场说："我投你了，我觉得你有企业家精神。"

我跟投资人谈，永远是我压着他谈，不能他压着我谈。我说我的业务，我对未来的想象是什么，我觉得应该是什么，他觉得合适咱们往下谈，觉得不合适咱们再约。

李翔：你们合作的那么多咨询公司里，肯定有很多高手，他们会在你的决策过程里面扮演什么角色、起到什么作用？

贾国龙：有作用，比如华与华的华杉、君智的谢伟山，但一个人和一个人的想象不一样，华杉是明显的保守派，谢伟山是明显的激进派。我说1000亿元，谢伟山说怎么也得2000亿元吧。华杉是保守派，就是求"不败"，我说3个业务，他说我做那么多干什么，就做一个就行了，我说做1000亿元，他说做100亿元就行，做那么大干什么。完全是两派。

李翔：比如说你2020年提出限制莜面村的这个决策，他们肯定也会给出他们的判断和意见吧？

贾国龙：只是聊天，不负责任地聊天。

李翔：人家没办法负责任啊。

贾国龙：对，就是跟我聊，聊完之后他凭他的感觉会说他的一些判断，仅此而已。

李翔：判断都是跟你不一样的？

贾国龙：有一样的，也有不一样的。

李翔：如果单纯就限制莜面村这个决定呢？

贾国龙：华杉说这是好业务，要好好发展。

李翔：那就是不一样的。

贾国龙：对，这是不一样的。关于"莜面村是好业务，要好好发展"，这个声音还比较大，因为这是大家都看得懂的。我也觉得它是好业务，可以好好发展，但我偏说要限制它发展。人有时候就是极端，其实说限制它发展，我还特别关注它，该配队伍配队伍，该补强补强，该做儿童餐做儿童餐，该做外卖做外卖，对业务的重视一点儿没有减少，一点儿没有因为嘴上说限制发展而不重视它。反而是该重视就重视，每一次重要的业务会都参加，儿童餐的首席营销官要招聘，研发要补强，各种资源要往上配，门店要升级，给儿童餐留位置。

权限跟大事小事无关，跟事的重要程度有关

李翔：刚才一些很细的例子，比如门店里面给儿童餐留位置，还有菜单设计,都是需要你来做的吗?

贾国龙:这些事都得我定。他们有什么重要决定,包括做了一批新菜,约老板,然后品鉴,看哪些能通过。这些事情得我定,多少年形成这么一个套路。董俊义这么多年的风格就是轻易不定事,但是定了之后坚决执行。

李翔:定还是要上升到你这个层面。

贾国龙:对。可不可以把定的权限让给董俊义?可以一步一步来。他轻易不拍板,是我过于强势造成的,还是他还没有养成拍板的习惯?因为拍板是要负责任的,让其他人拍板没那么容易。

李翔:我觉得应该是可以做一些权限的划分的,比如说可能"上一个新菜"这个事情董俊义就定了。

贾国龙:不是,权限跟大事小事没关系,跟事儿的重要度有关系,上新菜绝对是重要的,上什么不上什么,以什么形式上,这就是经营最重要的事儿。

举个例子,咱们试的纤维饼,全部不行,只有20%的纤维,80%的是小麦粉,也就是白面。我说不行,必须100%纤维,可以加牛奶,可以加黄油,可以加糖,后来把糖换成了蜂蜜。为什么?就是段位决定的,见多识广的肯定是我。再比如奶茶,我把在英国拍的英式奶茶的壶发给他们,酸奶是我在英国吃到好的,拍下品牌,他们再找到品牌,从香港邮购,跑腿送到深圳,再发到北京。

李翔：比如莜面村这个大家看来还蛮成熟的业务，首席执行官定哪些事情，创始人定哪些事情？

贾国龙：我定做什么，他定怎么做好，我觉得这个分工就是比较清楚的。

李翔：做什么，大的目标肯定是你定的吧？

贾国龙：对。

李翔：开多少家店，是你定的？

贾国龙：嗯。

李翔：在哪儿开店呢？

贾国龙：在哪儿开店我不定。选址选到哪儿，基本他和分部负责人就定了。

李翔：选址选好之后你要看吗？

贾国龙：不看。花钱的事我不看，投多少钱我不看，他要用谁我也不看。用谁我不管，花多少钱我不管，但是菜和菜单这个事儿我一直在管。这么想想还挺奇怪的。

用人，用谁不用谁，把这个调上去、把那个调下来我不管；花钱，建店投多少钱，这些东西我不管；买什么原料，草原采购羊肉花多少钱我不管。财权我不管，人权我不管。我管什么呢？我管产品权，这是另一个思想权。我不允许下边任何一个部门再出自己的思想。卖什么产品，以什么形式卖，我管。

连定价我都不管。定多少价董俊义自己定，不会再征求我的意见。但是这个产品要不要上，以什么形式上，我要管，而且我还管得很细。我就是钉着产品，为什么烤羊腿这么老、干、柴，是什么烤法，这我要管。重要岗位的人，人家会尊重我，会跟我说，这些人其实还都是之前我确认过的，但是他用谁都没问题，他有这个权力。

李翔：他用的其实还是之前你们已经挑好的人，是吗？

贾国龙：我没挑，这些人是自然成长起来的，原来也在关键岗位，年轻能干，用起来顺手。他爱用年轻干部，活力足，学习力强，又能执行他的决策。用人上我觉得还挺默契的。其他的话，集团副总裁是我的直管干部。

李翔：直管干部是直接向你汇报的吗？有多少人？

贾国龙：直接向我汇报的有20多个人，接近30人。这么多年在企业管理实践上，我一直相信民主集中制，但不相信集体决策。我相信有良性互动，最终由首席执行官或者一号位拍板。我相信，任何组织，核心人物在，那个事就在，核心人物不在，那个事到底能延续多久不好说。事是由模式、核心人物建立的文化决定的。领教工坊联合创始人肖知兴提出：要做企业的企业家，而不是企业家的企业。这太理想化了，企业是企业家的，企业家也是企业的。所有的企业都是企业家的作品，是他的一手活，这是事实。

模式和组织

李翔：如果把企业作为你的作品，你现在比较满意这个作品的哪些部分？

贾国龙：首先就是业务模式，这么多年一直打磨，到现在还是有竞争力的。

李翔：莜面村的业务模式？

贾国龙：对，莜面村的业务模式，新业务的模式正在破局中。然后就是组织，这么多年建起一个组织，这个组织凝聚力够，能力也够，只是需要把它调一下。3年新冠疫情确实有点儿固化，有时候因岗设人，有时候因人设岗。要调整，命名也要准确，不能统一就叫总监、副总裁、高级副总裁，要先确定部门，这个部门有真实存在的价值，部门之下有岗位匹配，要彻底梳理一遍。

李翔：为什么会有组织的固化？

贾国龙：3年新冠疫情期间，业务不发展。这期间我一直有个心理，这时候真的不适合解约，尤其是主要干部，不适合在危机和困难的时候解约，因为我们现金流还可以，还能发工资，这时候还是温情的一面要多一些。新冠疫情期间大家能够把摊看好就不错了。

李翔：其实3年新冠疫情期间，今天来看的话，你还是在业务上做了一些新的探索的。

贾国龙：这3年疫情期间就是在探索，探索得还很激进。

李翔：中国堡就是新冠疫情期间出来的。

贾国龙：对。

李翔：功夫菜在新冠疫情期间有迭代吗？

贾国龙：有。好多想象又跟初创时期在接近，开始想的是对的，但当时能力不足。

张丽平：专家的意见可能是对的，但是如果当时他不这样认为，他不认可，那专家说得再对也没用。

贾国龙：对，这才是关键。不是说民主不民主、其他人提不提反对意见，而是我听懂了没有，听进去没有，这才是关键。

李翔：就是公司要等着你进步。

贾国龙：对，这是实话，而且这是铁律。任何组织都是这样。老板封顶，这是客观事实，不要挑战这个事实，你当老板就知道了。换一种方式不行吗？这个事儿让其他人决策不行吗？这话跟没说一样。我是老板，怎么能够把这么大的事交给其他人决策？这就属于太理想化。

张丽平：人总是对老板有完美的期望，对是他决策对了，错是因为他没听那个说得对的人。

贾国龙：其实是没听懂、没听进去。所以别人说我是一言堂，我不听别人意见，我说不是，是我没有听进去。哪有一言堂这一说？每天通过各种方法收集信息，收集上来我有没有理解，有没有把那个事儿想明白？所以就是自己为自己的决策负责。我总得要拍板，对了我负责，错了我也负责，这就是老板。

李翔：功夫菜后面的迭代，主要就是迭代到了办公室的小饭桌再加上零售，是吧？

贾国龙：对，零售也是所有可能的渠道都尝试。自己开小饭馆，都尝试过。我们首先是够勤奋，尝试够多，教训够多。

李翔：儿童餐做起来应该也是在这 3 年吧。

贾国龙：真正做起来其实也就这两年。开始布局是 2021 年 12 月，包括团队竞聘，整体研发也有大半年的时间。2022 年的 6 月 1 日正式推出，然后一点点优化，直到现在。这个事越做越有感觉，有了正向反馈就继续给资源。只要有积极的反馈，就追加资源，没有积极的反馈就撤资源，我觉得这是一个老板和首席执行官的基本素养，就是看市场的反馈积极不积极，好就继续放大，不好就重新找方向。

图 3-4　贾国龙办公室内,展示着他和每一位直管干部的十年梦想

李翔：也有相反的例子，大家这两年都会讲东方树叶，它其实是 2011 年推出来的，但是没有收到积极反馈，卖得不好，用户评价也很差，还被评为中国最难喝的饮料之一，但是老板认为这是一个值得长期坚持去做的事情，然后就坚持了。

贾国龙：他会坚持让它活着，但他配的资源一定不多，不会硬推。这可能在将来是个有价值的业务。农夫山泉挣那么多钱，可以让它这样活着，但不会给它配过多的资源。这两年突然发现东方树叶开始有好的市场反馈了，马上追加资源。

那么多板块的业务，哪些业务得让它慢慢活着等机会，这也是老板的一个能力。但是他不会时机不成熟就硬推，可能有时候也会推一下，但不会长时间硬推，他不会和市场反着来，而是顺势而为。我觉得这是企业家的基本素养。

李翔：每一种业务的创新都是你提出来的吗？

贾国龙：基本都是我提出来的，在创新业务上别人提的极少。

李翔：儿童餐也是吗？

贾国龙：君智说不要做儿童餐，不要做儿童友好餐厅，要做家庭友好餐厅。但我们认为儿童友好就等于家庭友好。

李翔：他的理由是什么？

贾国龙：他的理由是家庭范围更大，儿童太窄。

李翔：你为什么会对儿童餐这个事情有感觉？

贾国龙：好像没有为什么。

张丽平：其实我们门店生意有个规律：周末带孩子来的家庭多。家长觉得莜面村灯光亮堂，干干净净，东西安全好吃，特别适合带孩子，好多餐厅他们不愿意带孩子去。带着孩子、老人到莜面村，都有可吃的东西，慢慢就形成了这样的口碑。

贾国龙：西贝做莜面亲子活动都办了10万场左右，80多万个家庭参加。孩子多是自然而然就做到的，捕捉到这个信息，就应该做儿童友好，觉得它是个机会。有多少人反对做儿童餐啊！"家有宝贝就吃西贝"，那有些顾客说不来了，西贝成了儿童餐厅了。我说我们不是儿童餐厅，我们是儿童友好餐厅。"那也不去，那么多孩子闹啊。"我说那没办法，我不能怕他不来我就不做。决策就是在矛盾中做的，就觉得这儿有机会。

张丽平：孩子不会自己来的，不会让一个孩子出去消费。

贾国龙：这些都是事后解释，是事后发现，原来儿童能带动家里的爸爸妈妈、爷爷奶奶一起来。

张丽平：本来家庭消费就是这样。

贾国龙：是这么个理。反对的声音说，西贝得罪了年轻人，年轻顾客就烦孩子又哭又闹。但是有一个很神奇的事，好多年轻女孩去西贝要一份儿童餐吃，还有叫外卖的，很多儿童餐外卖不是小孩儿吃的,是年轻女孩儿吃的。好吃、性价比高、分量小,还是有机健康的。

张丽平:我见过最壮观的是我们西红门店,有一次我们去,一进门看到20多个儿童车停在那儿,觉得好壮观,都是推着宝宝去吃饭的。

贾国龙:决策其实就是一个综合判断,就这么选了,然后也是有正反馈再追加资源,自然而然,不是非要当时找个理由出来。捕捉到"带儿童的顾客这么多"这个信息,那我们就放大儿童餐,于是就做了这种尝试,结果正反馈非常强,于是再配资源。

外卖也一样。我开始说我们不做外卖,因为外卖破坏我们的品质,影响堂食的体验。但是后来外卖已经成趋势了,老有顾客说,我希望你们家可以送外卖。能听到现在客人喜欢,那就配资源。在这种矛盾的情况下,最后反馈一变,决策马上变。

我改主意就是一念之间,昨天晚上定的向左,今天早晨就向右。昨天晚上向左有没有道理?有。但是今天早晨有人来跟我说左边有什么不对,向右才对。我就明白了,应该向右,一念之间,就是由于他提供了一些新的信息,我一下听懂了,觉得向右合理。经常有这种事儿。好多决策,就是一念之间的决定。你觉得我这么做轻率吗?我觉得我一点儿都不轻率,因为每天都在深思熟虑,每天都在想。

贾林男：第一代儿童餐大概 2017 年就有了，这也是一个积累的过程，不是 2021 年才开始要做儿童餐，而是前些年有各种方面的积累。

贾国龙：我觉得挺自然而然、合情合理的。

贾林男：还有一个导火索，就是孟庆祥老师。

贾国龙：没有孟老师，换一个人说我仍然会重视。要找一个由头，孟老师给我说的那句话就是个由头。

张丽平：在需要的时候，听到这句话。

贾国龙：对，我本来也想重视儿童餐产品的，我得找个理由。我开会想说服这帮人，也需要一个理由，要想会要怎么开。我是属于爱开会的人，但怎么开我就要琢磨琢磨。给大家"洗脑"，统一认识，我直接洗不如借用彼得·德鲁克给大家洗脑，我们就把讲德鲁克的老师请来。德鲁克是大师，说得确实有道理，大家高度认同。管理者不就是这样吗？管理者借用一切可用的东西，最后共同达成目标。

管理就是用好假设，一定要让人认同你的假设，我们企业的蓝图也是个假设，大家都认、都信，这事儿就好办了，而且也对大家都有利。你信，也得让人信。可能有人说，假设难道不是骗局吗？不是。假设就是假设，大家都认这个假设，都奔这个假设去，假设就成真的了。有的人是因为相信所以看见，有的人是因为看见所以相信。你描述的那个目标我信了，信了之后一起往那儿走，最后真的去了。不要忽悠人,咱们把这个事儿明着说。

外卖是边排斥边做

李翔:你们对外卖的态度,其实也是经历过好几个阶段的,是吗?开始的时候其实想自己来做外卖。

贾国龙:想过自配送,想逃离平台,最后怎么逃也逃不了。

张丽平:莜面村上海市场就是自配送,估计做了得有3年。

贾国龙:有几年算不清了,反正时间很久。上海一起步就是自配送,直到2022年把自配送解散。算不过账来,自配送不如用第三方。

李翔:只有上海是自配送?

贾国龙:只有上海。都是在过程中调整。

李翔:所以外卖你是先试图自建一个平台,其实就是通过小程序加自建物流的方式来做?

贾国龙:对。

李翔:当时有这个想法是因为看到美团、饿了么外卖发展起来了吗?

贾国龙:也不是,当时稀里糊涂的,没有想那么明白。我觉得很多说自己想明白的人都是事后美化,逻辑性太强的人会把所有的事情都进行合理化解释。其实不是的,我作为一个决策者,我太清楚了,有的事是撞对的,有的事是自己想明白干对的,但是经过会表达的人一解释,就觉得这人好厉害,先知先觉。

我后来琢磨我的表达问题,发现太真实也有问题。其实有的人是知道错了,但不说,所有的表达都是有利于自己的。我错了就是错了,知错、认错、改错。而且关键我对认错一点儿也没有不好意思,错就错了,当时就那么傻,局限性就卡在那儿。

李翔:放弃了自己做外卖之后,就很顺利地做起第三方外卖了吗?

贾国龙:那可不是我放弃的,突然间上海配送就不做了,这些事我不管,那是上海分部总经理的事。

李翔:他需要跟你们商量吗?

贾国龙:不需要。

李翔:他不需要跟你们解释一下他的推理过程吗?

张丽平:肯定跟董俊义以及当时西贝的总裁贾国慧解释过。上海开始做自配送的时候也是尝试,不知道行不行,他们觉得自配送更可控,有自己的小程序,有私域,是自己的渠道,开始得也比较早,2017年就已经启动了。

贾国龙:其实一上外卖就得跟平台合作,平台是绕不过去的。

我们是最早做外卖的。

> 李翔：你不是有一个阶段是排斥外卖的吗？
>
> 贾国龙：边做边排斥。排斥一点儿不影响做，不违和。

> 李翔：你们做外卖跟其他的中餐品牌做外卖有什么不同的地方吗？
>
> 贾国龙：我觉得我们做得够认真，比如包装升级，我们一做外卖就找洛可可设计外卖包装，一出手就是高配。我们还专门招过负责外卖的副总裁。2017年年底一次沙漠会议期间，大家说外卖是个趋势，财务副总裁想创业做外卖生意，于是一夜之间就从财务副总裁转成了外卖副总裁。
>
> 张丽平：其实在那之前就有外卖，只不过没有特别重视，就是自然做，每家店做每家店的。
>
> 贾国龙：外卖不能坏我名声，顾客老骂我就不行，要做就做好。我宁愿不做，别让人骂我，就这个原则，别因为外卖是个风口，抢着做，卖完之后招来一片骂，那我宁愿不做。所以一边反对，一边还在补强。
>
> 外卖卖得好还有一个原因，西贝其实是主食餐厅。主食多是我们的特色，也是主食成就了西贝外卖，外卖不就主要卖主食吗？所以我们的外卖遥遥领先。

> 李翔：外卖最高峰的时候是新冠疫情期间？

贾国龙：嗯，我们原来认为疫情过后外卖会掉，结果堂食在增加，外卖还没掉。所以这些东西自然而然地就这么过来了，事后有解释，事前不知道。事前误打误撞，但是误打误撞上去了，坚持住了没有退下来。

李翔：外卖现在能占到单店营收的多少？

贾国龙：平均接近 40%。

张丽平：新冠疫情期间还有一个动作，增加了顾客的信任感，也推动了外卖。把袋子封起来，贴上封签，上面有每个店长或者负责包装外卖的人的签名，体温等全部标在上面，因为有封签，中途就没办法拆开。开始是杭州强制性要求外卖打包后封贴，当时还觉得多此一举，后来我们马上捕捉到这样做是好事，然后西贝全国外卖我们主动打封贴。

李翔：听上去新冠疫情期间也没闲着。

贾国龙：该做生意做生意，该练兵练兵，没闲着。

张丽平：就是因为我们在整个新冠疫情期间没闲着，恢复营业之后，店面的食品安全比之前又上了一个台阶。

一度也没有了斗志

李翔：创业这么多年，有影响到你的身体状态吗？

贾国龙：有，20世纪90年代在临河的时候，有几年请客跟人喝酒，喝完酒输液，输完液接着喝酒，真受不了。那几年糟蹋身体。1996年、1997年的时候，我曾经感冒好不了，打点滴打了1个月。

李翔：应该是因为压力和情绪吧。

张丽平：年轻，也不知道是什么。

贾国龙：年轻的时候真就靠年轻。

张丽平：第一是身体基础不差；第二真是年轻，身体修复快。

贾国龙：有那么几年不要命。那时候可能就是求生存，最起码得活着吧？那时候活着，延续这个企业的生命很重要。

李翔：也有一段时间是比较躺平、比较佛系的？

贾国龙：刚到北京，生意做好之后，有过那么几年。我们1999年到北京，2002年六里桥旗舰店开了之后生意很好，钱挣得比较容易。乔玉青当总裁的那段时间，我是不管业务的，心里边就不愿意管。乔玉青是一个比较拼命的人，很勤奋。

李翔：你们两个节奏是同步的吗？佛系的时候都佛系？

贾国龙：她一直不管业务。

张丽平：因为他才是老板啊，哈哈。

未完待续

贾国龙在战略业务共识会上的发言
（经作者编辑）

时间：2023 年 12 月 1 日

冥冥中有一种感觉,今天的会议会载入西贝史册,一定会的。

第一个话题是为什么停小饭桌。我现在回答,就是资源有限、能力有限。盘点完公司的资源,盘点完组织的能力,也盘点完我的能力、我们核心干部的能力,我们现在需要更加地聚焦。实际上就是三个业务:第一个是西贝莜面村的国内业务;第二个是海外业务,也就是美国业务,美国是真正的餐饮富矿,富得不得了,但是缺乏优质供给,我们现在要把资源往美国配,去开发美国市场;另一个就是贾国龙小锅牛肉。开饭馆是西贝的核心业务,咱们不忘初心,开饭馆。

小饭桌算不算核心业务?也算也不算,它不纯粹,已经有餐饮零售的属性,需要强大后台的支撑,而且不是一般的强大,需要投钱拉通供应链,需要强大的设备研发能力和强大的物流配送能力。现在其实全是漏洞,我们还没开始施压呢,同事就失眠了,连续好长时间睡不着觉。设备的漏洞也多,加热的10个菜里面1个菜有冰，还有1个菜会炸。这是大漏洞，不是一下子能解决的，低事故率都难做到。因为它是多个点的匹配，菜、包装、设备、冷冻温度波动，导致加热以秒为单位的波动。微波炉太敏感了。现在小饭桌人工加热，通过小B和顾客连接，对小B要求太高，超级不容易。我们的资源有限，不是项目不好，3天前还是战略级的，3天后就停了，大家要接受这个变化。

盘点完资源发现资源不够，还是把饭馆开好。我们西贝出身就是开饭馆，35年前是开饭馆的，现在是开饭馆的，将来也是开饭馆的，只有开饭馆这个事儿我们是擅长的，而且是开"绝对好、相对贵"的饭馆。快餐饭馆我现在也开不了，一个独立团队单独领走去做快餐。

还有零售，零售在西贝整个业务板块里面不属于战略级，姜总有兴趣要领走干，我支持，没问题。零售的创业和快餐的创业不一样，快餐的创业是完全领走，跟西贝都没有太大关系，我们只是金主，给你投钱，但西贝功夫菜的零售业务不是，还是西贝品牌，还得依托西贝历史上形成的大单品，比如黄馍馍、张爷爷空心挂面、牛肉馅饼、奶酪饼等，让它进入千家万户的冰箱，常备常吃，是这么一个业务。

但我坚定不移地认为它不是战略级的。为什么？因为它已经是零售，不是开饭馆，是饭馆的外溢。如果不是姜总坚持，我就砍掉。能力有限、资源有限，我们就是开饭馆，把饭馆开得风生水起。快餐我们做不了，正餐新荣记那种我们也做不了，太高的我们做不了,太低的我们做不了。现在小锅牛肉比莜面村客单价低二三十元钱,是轻正餐。粤菜、川菜、湘菜我们做不了,西贝莜面村是西北菜,贾国龙小锅牛肉说不定就是蒙古菜,它还会往窄里收,而不是拓宽,这是我最近的思考。

这些思考都是关于举什么旗、走什么路,都是有里程碑意义的。我们还是要往回收、往窄收,聚焦、聚焦、再聚焦,靠聚焦来释放我们组织的能力,让能力在更小的范围内释放。因为竞争太激烈了,现在不是过去的竞争环境。我们前段时间去重庆、四川看,那些创始人的想法简单直接,直接把我们这些老同志掀倒了,一点儿都不兜圈,我才发现开饭馆已经直接到这种程度。思维简单、行动简单,老板直接下场,直接做菜、做营销,没有多余动作,一个人就是一个公司。它的传播方式就靠新媒体,抖音、快手、视频号、小红书,成本极低,效果极好,东西既好吃又便宜,给员工发钱就是谁干得好奖励谁,谁多干奖励谁。

西贝这么多年,企业规模不算太大。在餐饮业算大,放到各行各业不算大,但是官僚气够重。我自己也是,绕了好多层才绕到本质问题上。今天的会议就是用一种机制打掉这种官僚习气。资源有限、能力有限,就放弃,小饭桌放弃,快餐做了8年,那么多钱,承认做不了,举手投降。我觉得这是实事求是,沉没成本不看了,别说我们投了那么多钱。

智厨会保留,将来还是有价值的,现在的想法有两个问题:多和乱,但是它值得往前推进。低频场景,人有时候服务不到,智能厨房其实就一个机器人餐厅,在各种低频场景里有一些适配的饭,我仍然觉得它是有未来的。

西贝莜面村我们从 1999 年开始干,马上就 25 年了,是我们一点一点创造出来的模式,到现在真的叫"复杂中餐",形成了我们的竞争壁垒,别人抄不了。我们的家庭友好,我们的健康、安全属性,这些是深入人心的,是我们在那个时代穿越周期积累出来的,别人抢不了我们的生意。所以西贝莜面村的红利还长着呢,值得团队认真做。我们经历了多少波折,尤其我们做功夫菜那段时间,对莜面村投入没那么大,但是它的生意还是好。2018 年、2019 年我们骄傲了,对品牌翻烧饼似的折腾,中间还把功夫菜档口植入进去,就这么折腾,但这个品牌一直给我们贡献现金流。

小锅牛肉的模式是我们开饭馆 35 年在这个时点上创造出来的一个模式,它不是无中生有,它不是中国堡,它是我们最擅长的业务,我们最擅长的业务就是开正餐饭馆。不是快餐,快餐是另一个赛道,开正餐饭馆,这绝对是西贝 35 年最强的经验,现在留下来的九十九顶毡房、西贝莜面村、西贝海鲜,都属于这个范畴。

说完业务之后,我们再说机制,接下来有一些东西需要我们共同加强,怎么给一线足够的激励,奖励一线会干活、愿意干活的人。我们对一线的激励在历史上有欠账,现在就往回补。一线经常有投诉,我一个朋友前一段时间在呼和浩特满都海店进了包间,服务员不理人。还有深圳的一个店,迎宾员全程冷脸对他,他主动跟人家聊天，也不理他。他跟我比较熟，跟我说西贝怎么成这样了。你说怨服务员吗？真不怨。问题发生在门店，根源都在我们这儿。服务员为什么不高兴？第一个原因是招聘的时候人没招对，不适合干迎宾，我们说形象好，就迎宾吧，但是可能心里面没有喜悦、没有服务人的意识。第二个原因就是待遇没给够，不但没给够正向激励，还有负向激励呢，上岗之前被店长骂了几句，还没有加班费。

还是从源头上找原因，我们对一线的激励远远不够。我们说坚守实心诚意的西贝待客之道，全力以赴为顾客创造价值，超越竞争对手为顾客创造价值，一定是基于每个人的，要奖励实心诚意的人，谁实心诚意、谁全力以赴、谁能超越竞争对手，就奖励谁，而且必须及时、到位，不能够攒着。领导干部可以攒着，一线的人必须随时激励，给够激励。

第二是帮助每个人学专业长本事，以集体奋斗的方式为顾客创造价值。每个人学专业长本事必须是可记录的、实实在在的，然后才是有效评价每一位为顾客创造价值的伙伴。

激励必须公正、公平、公开。往下分利从我这儿开始，我们学华为，必须把我的利大量往下释放。大量，不是小量，我和张丽平占85%的总部股权，合伙人占15%，分利的时候我俩就留15%，把85%分下去。随后我们再研究怎么分下去才是合理的。因为有各种税收问题、法规问题，要合法、合情、合理、公平地分下去，没那么容易，还有一整套的技术问题。但是我们有这个意愿往下分。有了好模式之后,就是要有足够好的激励机制,而且还要可持续。

西贝这么多年说把爱传出去、把利分下去,但新冠疫情3年我们停了,没挣钱,也没分,2023年恢复得不错,以后就是实实在在地把利分下去、把爱传出去。那天我还问张丽平:"咱们贝爱公益①现在往员工身上发多少?"不多,每年100多万元。原来我跟张丽平每年捐1000万元,新冠疫情3年停了,因为公司没挣钱。现在把这些全部捡起来,该往下分的分,该往下发的发,关心到一线员工,该给的给够。

我们这个行业没有什么诀窍,模式好,剩下的就是对每个顾客都要实心诚意地对待,顾客满意了就会再来,就这么简单。我们现在对一线员工的激励远远不够。要奖一线、奖先进、奖雷锋、奖带头人,要奖得非常及时,还要非常"实",不能只停留在口号上。我们的口号够多了,我们这么多年心还是有的,但最后说着说着自己以为落实了。现在是要落实。这些东西激活了,最终企业的竞争力就出来了,谁也不会亏,股东有股东的收益,干部有干部的收入,员工有员工的收入,顾客也高兴,因为你为他提供了有价值的产品和服务,他愿意来消费。

我们随后会有一整套的落地方案,我现在的想法就是首先我和张丽平带头,因为我们是大股东。新冠疫情3年没挣钱,也没开年会,2023年挣钱开始补前3年的亏空,明年有正向利润,不管多

---

① 贝爱公益是西贝自2007年开始设立的员工互助基金,旨在为突发重大疾病和意外事件的员工提供帮助,以及为员工子女教育提供助学资金。

少，都往下分。但是怎么往下分就有技巧了，它不是平均分配，你分不对了和不分一样，如何往下分钱，要成为重要的制度设计，尤其是对一线的奖励。